《老子》怎麼讀
怎麼讀 《老子》

吳銘宏 著

麗文文化事業

■ 國家圖書館出版品預行編目（CIP）資料

《老子》怎麼讀 怎麼讀《老子》 / 吳銘宏著. --
初版. -- 高雄市：麗文文化, 2017.06
　　面；　公分
ISBN 978-986-490-028-2（平裝）

1.老子 2.注釋

121.311　　　　　　　　　　　　　106008770

《老子》怎麼讀　怎麼讀《老子》

初版一刷・2017 年 6 月　初版二刷・2019 年 9 月

著者	吳銘宏
責任編輯	王珮穎
封面設計	余旻禎
發行人	楊曉祺
總編輯	蔡國彬
出版者	麗文文化事業股份有限公司
地址	80252高雄市苓雅區五福一路57號2樓之2
電話	07-2265267
傳真	07-2233073
網址	www.liwen.com.tw
電子信箱	liwen@liwen.com.tw
劃撥帳號	41423894
臺北分公司	23445新北市永和區秀朗路一段41號
電話	02-29229075
傳真	02-29220464
法律顧問	林廷隆律師
電話	02-29658212

行政院新聞局出版事業登記證局版台業字第5692號

ISBN　978-986-490-028-2（平裝）

麗文文化事業

定價：210 元

📖自序

　　2015 年 6 月出版了《《論語》怎麼讀　怎麼讀《論語》》之後，深覺傳統思想的核心，不外乎儒、道兩家。如果要深化儒家思想的精義，原本應當先寫孟子，再寫對門的老子。不過，轉念一想，時下的年輕人，願意撥點時間來了解孔子，便已經相當優秀了，很難奢望他們再對孟子也同樣感到興趣。畢竟孔子說話還算是簡潔扼要，孟子就有些流於長篇大論，恐怕很難讓人有耐心好好去研讀他。

　　有鑑於此，老子《道德經》終究不過五千餘言而已，老子說話也比孔子簡短有力多了，相較於孟子，老子肯定更加容易吸引年輕人的目光。更何況儒、道兩家的宗主，本就是孔、老二人。能讓年輕人在進入職場之前，即對儒、道兩家的道德智慧，有相當程度的了解，相信對於他們在工作場域中的表現，必定會有難以想像的助益。

　　年輕人對於傳統經典的閱讀，最大的困難，或許並不在文字的障礙上；反倒是經典的根本要旨，纔是他們最大的迷惑。畢竟東西方教育最大的不同，正在於智慧與知識的分別。西方的教育，重在幫助人成就知識；東方的教育，則重在幫助人成就智慧。而中國傳統經典的精采處，正在「智慧」二字。能充分掌握「道德智慧」內在本具的特性，才足以無礙地深入這些原典。否則，繼續用學習「經驗知識」的態度來對治儒、道思想，那是絕對無法相應的。

　　因此，本書的出版，乃期望年輕人在研讀《老子》之初，即能先建立好相關的基本觀念，這也正是〈耕耘篇〉的首要目標。觀念

清楚了，再詳參各家的註解，相信必定能時有所悟。其次，本書義理上的闡釋，深受王淮先生《老子探義》的啟發最多，這是付梓之前，首先必須誠懇點出的，是為序。

吳銘宏謹識於義守大學

2017 年 5 月

📚 目次

耕耘篇

閱讀《老子》之初，應先建立的基本觀念。

一、《老子》很難懂嗎？

老子《道德經》開宗明義第 1 章就說：

> 「道可道，非常道；名可名，非常名。無名，天地之始；有名，萬物之母。故常無，欲以觀其妙；常有，欲以觀其徼。此兩者，同出而異名。同，謂之玄。玄之又玄，眾妙之門。」

這段話把年輕人唬得一楞一楞的，他老人家到底在說些什麼呀？大家可是越鑽研，越發糊塗，真有幾分「玄之又玄」的味道。

若是直讀古注，蘇子由曰：

> 「以形而言，有無信兩矣。安知無運而為有，有復而為無，未嘗不一哉。其名雖異，其本則一。知本之一也，則玄矣。」

李息齋曰：

> 「有即空，空即有。其本同，其末異，故同謂之玄。」

釋憨山曰：

> 「老子因上說觀無觀有，恐學人把有無二字看作兩邊，故釋之曰：此兩者同，意謂我觀無不是單單觀無，以觀虛無體中而含有造化生物之妙。我觀有不是單單觀有，以觀萬物象上，而全是虛無妙道之理。是則有無並觀，同是一體，故曰：

此兩者同。恐人又疑兩者既同，如何又立有無之名，故釋之曰，出而異名。意謂虛無道體既生出有形天地萬物，而有不能生有，必因無以生有。無不自無，因有以顯無。此乃有無相生，故二名不一。故曰：出而異名。至此恐人又疑既是有無對待則不成一體，如何謂之妙道，故釋之曰：同謂之玄。斯則天地同根，萬物一體。深觀至此，豈不妙哉。」

讀完上述的註解，恐怕年輕人還是不覺得，這三人說得比老子本人清楚些。於是，不但搞不懂老子，連帶孔子，年輕人也不免要大起疑心，心想這些年代久遠的老人家，還真愛講一些讓人聽不懂的話。

一旦時下的青年，下定了這樣的結論，千百年來相續不斷的慧命，恐將就此斷送。面對如此般的窘境，個人不惴淺陋，乃亟思對策，期望能將孔、老二聖之言，說得淺白一些，好讓年輕人了解起來，不會感到那樣地困難。至於，能否圓滿達成這個願望，除了期待上蒼庇佑，能善緣具足之外，同時，也祈禱孔、老二聖垂憐加持，補足筆者才學淺陋之處，依然可以吸引年輕人，願意撥冗閱讀本書，並藉以深入原典，好喚醒每個人沉睡已久的本然智慧，讓它重新再起作用。

二、該從哪裡下手？

　　想了解老子《道德經》的要義，個人以為不要從「道」字入手，因為「道可道，非常道」；也不要從「德」字入手，因為容易和「儒家的德教」搞混。最好能從「自然」二字入手，畢竟，老子《道德經》第 25 章說：

> 「人法地，地法天，天法道，道法自然。」

　　「自然」本是老子一書中的最高概念，而這兩個字的意義，一般人也較容易掌握和了解。「自然」就是「自然而然」、「自己如此」，沒有絲毫「人為造作」的成分。因此，講「自然」，常常含著講「無為」。所謂「無為」，不是指什麼事都不做，而是指不要刻意用人力去干預些什麼。換言之，「無為」也可以說是「不要人為」，一切「自然就好」。足見「自然」與「人為」，是恰相對翻的兩個意思，有了「人為」，就「不自然」了。

　　明白了這個大原則之後，凡是與「自然」相背離的主張或作為，老子肯定大加反對，這也是儒、道兩家最大的分野。儒家最看重的是「人文化成」，一切立論，均環繞著「人」來說法。周公制禮作樂，乃是本於人性、人情實際的需要發展出來的，它不是憑空自然產生的，所以《禮記・問喪》說：

> 「禮儀三百，威儀三千，非天降也，非地出也。」

儒家認為世間之所以亂，乃在於人與人之間，少了些什麼。既然少了些什麼，便強調「禮樂」，重視「教化」。道家則認為世間之所以亂，乃在於人與人之間，多了些什麼。既然多了些什麼，便強調「無為」，重視「自化」。這是儒、道兩家對於人事亂象，在見解上最根本的歧異。

　　也就是在這個基礎之下，老子有關道的本體與道的作用的說明，乃至人生智慧以及政治主張，在在均從「自然」的角度切入來看待問題。因此，掌握了「自然」，差不多也就掌握了「老子」。

三、道理離不開現象

　　先秦諸子對於自然現象的觀察，均甚為用心，因此，每每在論說事理的時候，都會溝通自然現象與人事現象，合而言之。甚或儒、道同時奉為經典的《易經》，其論說易理，也是融合自然之理與人事之理，並以卦象符號來象徵之。

　　老子自不外於此，對於自然現象的觀察，也同樣深具心得。其中，最為他老人家所盛讚的，莫過於「水」了。他在老子《道德經》第 8 章說：

> 「上善若水。水善利萬物而不爭，處眾人之所惡，故幾於道。」

　　又在第 78 章說：

> 「天下莫柔弱於水，而攻堅強者莫之能勝，其無以易之。」

　　此外，對於「江海」的特性，老子也格外地鍾情。他在第 32 章說：

> 「譬道之在天下，猶川谷之與江海。」

　　又在第 66 章說：

> 「江海所以能百谷王者，以其善下之，故能為百谷王。」

　　藉天地間自然的物象來論說事理，這樣的方式，最具說服

力，因為它最具象，原本抽象的道理，在物象的比興寄託下，便不再那樣地艱澀難懂了。

自然現象經常會觸動思想家敏感的心靈，當然，人事現象也一樣會觸動老子敏感的心，所以他在第 64 章說：

> 「合抱之木生於毫末，九層之臺起於累土，千里之行始於足下。……民之從事常於幾成而敗之，慎終如始，則無敗事。」

第一句是「自然現象」，第二、三句就已進到「人事現象」了，老子將之類比在一起，以論說事理，給人的感覺，竟沒有任何的齟齬。

第 11 章說：

> 「三十輻，共一轂，當其無，有車之用。埏埴以為器，當其無，有器之用。鑿戶牖以為室，當其無，有室之用。故有之以為利，無之以為用。」

「三十輻」、「埏埴」、「鑿戶牖」等三句，皆偏就人事現象以立論。

綜上所述，足見老子思想雖以「自然」為最高指導原則，然而他本人對於人事現象，也並非全然「無所用心」。有鑑於此，老子思想應該不是一般人所認定的那樣地「形而上」吧！

四、我勸你，少費心！

　　雖然，老子對於人事現象，並非全然不知。不過，他老人家的立論，一切還是以「自然」為底蘊，所以，根本上總有幾分「反人文」的傾向。他在《道德經》第 43 章說：

> 「天下之至柔，馳騁天下之至堅。無有入無間，吾是以知無為之有益。不言之教，無為之益，天下希及之。」

　　老子特別將「虛無柔弱」的自然原則，落實到人事上而為「清靜自然」的處事原則。又在第 38 章說：

> 「故失道而後德，失德而後仁，失仁而後義，失義而後禮。夫禮者，忠信之薄，而亂之首。」

　　其「反人文」的意圖，尤為顯著，此所以王淮先生在《老子探義》一書中說：

> 「老莊因為其理想主義實奠基於自然主義，故思古之幽情最為強烈，而對於現實之歷史社會，多採取負面之看法。本章可視為老子之歷史哲學─墜落的歷史觀。」

老子反對儒家所強調的「禮」，乃因為「禮」已經落在「道」、「德」、「仁」、「義」之後，而為第五層次的東西。境界如此般的低下，你要他如何能提得起勁，鼓吹大眾好好地來奉行「禮」

呢？老子認為就算貴為天子的聖人，其治人事天，也當「少思少慮」、「少自作聰明」，所以，他在第 59 章說：

「治人事天，莫若嗇。」
（案：「嗇」就是「少費神」，就是「清靜無為」。）

第 49 章說：

「聖人無常心，以百姓心為心。」

第 70 章說：

「是以聖人被褐懷玉。」

在在說明了，領導者不必擁有主觀的用心來治理百姓，越是能「匿實藏懷」的人，才是真正難能可貴的領導者。

五、我無為而民自化

　　老子站在一切效法「自然」的基石上，其政治主張也與儒家大異其趣，甚至連儒家最看重的「聖」、「智」、「仁」、「義」、「禮」、「學」，老子均一併反之。因為，這些都是人文價值體系裡的東西，一點都不「自然」，老子當然要極力反對了。他在《道德經》第 19 章說：

> 「絕聖棄智，民利百倍；絕仁棄義，民復孝慈；絕巧棄利，
> 盜賊無有。」

　　王弼注：「聖、智，才之善也；仁、義，人之善也；巧、利，用之善也。」

　　「聖」、「智」、「仁」、「義」、「巧」、「利」，皆屬人文價值的範疇，儘管在一般人的眼中看來，這六個字，可算是人類政治、社會與經濟的極至代表，然而再怎麼極至，它到底還是「人文的」。在老子的價值判斷裡，「人文」就是違背「自然」，就沒有任何存在的意義了。《道德經》第 20 章說：

> 「絕學無憂。」

　　老子反對「學」，也同樣是在自然主義的背景下，必然的推論結果。只因為「學」與「道」也是恰相對翻，兩者非但性質相異，對治的方法也全然不同。所以，老子在《道德經》第 48 章說：

「為學，日益；為道，日損。損之又損，以至於無為，無為而無不為。」

「為學」得採「日益」的方法，一天一天累積，一天一天增益；「為道」則反是，得採「日損」的方法，把障礙我們「本真」的一切「人為造作」去除掉，自然本具的智慧，纔能真正呈顯。換言之，「無為」是老子治國的最終理想，也是根本原則，因此，他在第 57 章說：

「以正治國，以奇用兵，以無事取天下。吾何以知其然哉？以此。天下多忌諱，而民彌貧；民多利器，國家滋昏；人多伎巧，奇物滋起；法令滋彰，盜賊多有。故聖人云：『我無為而民自化，我好靜而民自正，我無事而民自富，我無欲而民自樸。』」

掌握了「無為」的大原則，一切人事，自然而然上軌道，哪裡還需要人類自作聰明、競新好奇、刻意為之？

六、道家怎麼下工夫？

老子在《道德經》第 15 章說：

> 「古之善為道者，微妙玄通，深不可識。」

王淮先生在《老子探義》中說：

> 「善為道，即善修道。此言古之善修道者『微妙玄通』，蓋
> 謂其體合自然之道，而有無窮之妙用也。析言之：微妙，喻
> 其『體』之『無為』；玄通，喻其『用』之『無不為』。微妙
> 玄通，即本經四十八章所謂『無為而無不為』。又：孟子所
> 謂『君子所存者神，所過者化』，所存者神，即微妙之『體』
> 也；所過者化，即玄通之『用』也。是故『微妙玄通』四字，
> 乃所以喻修道者之全體大用。」

足見修道者掌握了「自然無為」的大原則，纔能夠體微妙而用玄
通，也纔能真正深不可識。此是就其大致上的觀念而言之；若論
具體的修持，那就得在「虛靜」上「下工夫」了。

第 16 章說：

> 「致虛極，守靜篤。萬物並作，吾以觀其復。夫物芸芸，各
> 復歸其根。歸根曰靜，是謂復命。復命曰常，知常曰明。不
> 知常，妄作，凶。知常容，容乃公，公乃全，全乃天，天乃
> 道，道乃久。沒身不殆。」

虛靜的工夫，做到一定的程度，自然就能「觀復」、「歸根」、「知常」而與「天地同壽」。換言之，老子道家的用心與工夫，仍然脫離不了「自然」二字的籠罩。此外，「不自以為是」、「不自作聰明」、「與世無爭」，更是修道者不容或缺的「真實智慧」，此所以第 22 章說：

> 「曲則全，枉則直，窪則盈，敝則新，少則得，多則惑。是以聖人抱一為天下式。不自見，故明；不自是，故彰；不自伐，故有功；不自矜，故長。夫唯不爭，故天下莫能與之爭。古之所謂曲則全者，豈虛言哉！誠全而歸之。」

善修道者，擁有「智慧」之後，對於人世間一切經驗事物，當然都能做出最有效的對治，所以，第 47 章說：

> 「不出戶，知天下；不窺牖，見天道。其出彌遠，其知彌少。是以聖人不行而知，不見而名，無為而成。」

在在說明了，真能掌握住「自然無為」的原則，確實不必隨著萬事萬象的擾動流轉，也一樣可以看清宇宙萬物的真象，而展現出心境上的一種無窮妙用。

七、道是什麼？什麼是道？

老子《道德經》第 1 章說：

> 「道可道，非常道；名可名，非常名。無名，天地之始；有名，萬物之母。故常無，欲以觀其妙；常有，欲以觀其徼。此兩者，同出而異名。同，謂之玄。玄之又玄，眾妙之門。」

其中即點出道的「體、用」與「有、無」，是「一而二，二而一」的。分散開來講，是「無」，是「有」；合起來說，何嘗不是一個「道」字。只是，「無」乃偏就道體而言，「有」則偏就道用而說罷了。換言之，「道」本具有雙重性，一「無」一「有」，均源出於道，所謂「此兩者同出而異名」，正是這個意思。也因為一般人往往搞不清楚這種情況，所以稱之為「玄」。然後，「玄之又玄，眾妙之門」，道家的玄理智慧，其奧妙正在此，初學者不可不多著意。其次，第 4 章說：

> 「道沖而用之或不盈，淵兮似萬物之宗。湛兮似若存。吾不知誰之子，象帝之先。」

繼續對道的「體」、「用」、「性」、「相」，有了更深切的形容，並為世人點出「道先於天地萬物而存在」的真理。第 21 章更說：

> 「孔德之容，唯道是從。道之為物，惟恍惟惚。惚兮恍兮，其中有象。恍兮惚兮，其中有物。窈兮冥兮，其中有精；其精甚真，其中有信。自古及今，其名不去，以閱眾甫。吾何以知眾甫之然哉？以此。」

再次說明了，道確實為宇宙萬事萬物存在的根源。至於，第 25 章說：

> 「有物混成，先天地生。寂兮寥兮，獨立而不改，周行而不殆。可以為天下母。吾不知其名，字之曰道。強為之名（案：名當作容），曰大。大曰逝，逝曰遠，遠曰反。故道大，天大，地大，人亦大。域中有四大，而人居其一焉。人法地，地法天，天法道，道法自然。」

　　王淮先生主張「道法自然」不必過於執著解釋，蓋「道已是根本，更無所法矣。無已，則所法者唯是自然之本身而已。」其實，只要我們確能掌握老子道家「道通有無」、「道通自然」、「道通清靜」、「道通無為」這些真義，管它有時候叫做「大」、叫做「逝」、叫做「遠」、或是叫做「反」。叫做什麼都沒關係，你知道它是「道」就好了。否則，「玄之又玄」將會永遠困擾著你，不是嗎？

八、老子怎麼看待「存在」的問題？

根據老子《道德經》第 1 章說：

> 「無名，天地之始；有名，萬物之母。」
> （案：無名，指道；有名，指天地。）

這四句的意思，說得白一點，就是「道生天地，天地生萬物」。然若就第 40 章而言：

> 「天下萬物生於有，有生於無。」

則這兩句又是「無生有，有生萬物」的意思。若統合這兩章的意思而論，則「無」與「有」同出於道，「無」是道體，「有」是道用，合而言之，「體、用不二」，均可視之為道。若析而言之，「無」是先驗的、形而上的，「有」是經驗的、形而下的，還是有個「先後順序」。麻煩的是，老子在第 42 章又說：

> 「道生一，一生二，二生三，三生萬物。」

似乎前面所說明的觀念，纔剛剛有些清楚明白時，又弄得有點混了。實則，我們只要記得：「一」是「理」，是自然生化之理；「二」是「陰、陽二氣」；「三」是「陰陽二氣感應所化生的初果」，而這個初果，一旦啟動了，自然就會生生不息，萬物於是紛然並陳，所以說「三生萬物」。至於，第 51 章說：

> 「道生之，德畜之，物形之，勢成之。是以萬物莫不尊道而貴德。道之尊，德之貴，夫莫之命而常自然。故道生之，德畜之，長之育之，亭之毒之，蓋之覆之。生而不有，為而不恃，長而不宰，是謂玄德。」

假使你明瞭上引三章所說的意思，這一章的要義，也就不難理解了。「之」就是「萬物」，即指「道生萬物，德畜萬物，物形萬物，勢成萬物」。換言之，說得再細一點，「道、德、物、勢」乃萬物「生、畜、形、成」的四大條件，「道、德」恰為居前的二者，而為萬物所尊貴。只是這一切均非出自於「有心為之」，故曰「夫莫之命而常自然」。

第 52 章說：

> 「天下有始，以為天下母。既得其母，以知其子；既知其子，復守其母。沒身不殆。」

「始」是先驗根本的道，「母」是作用呈顯的道。兩者均是指「道」而言，或合說之，或分說之，如此而已。

下言之「母」，則為「本」、為「體」；「子」則為「末」、為「用」。能掌握「體用不二」、「本末一致」，當然也就掌握了「道」的原理、「道」的運用。甚至，對於宇宙人生的萬事萬象，均無不了然於胸，故曰「沒身不殆」。

九、再談道的體用

老子《道德經》第 25 章說：

> 「有物混成，先天地生。寂兮寥兮，獨立而不改，周行而不殆。可以為天下母，吾不知其名，字之曰道。」

對於道的「體」與「用」，均已說得相當的清楚。「獨立而不改」，乃形容道體的絕對性；「周行而不殆」，則形容道用的普遍性。

而第 32 章的「道常無名」，第 41 章的「道隱無名」以及第 37 章的「道常無為」。則「無名」乃就道體來講，「無為」乃就道用來說。至於第 6 章說：

> 「谷、神、不死，是謂玄牝。玄牝之門，是謂天地根。綿綿若存，用之不勤。」

「綿綿若存」是形容道體，「用之不勤」是形容道用。

第 14 章說：

> 「視之不見名曰夷，聽之不聞名曰希，搏之不得名曰微。此三者不可致詰，故混而為一。其上不皦，其下不昧。繩繩兮不可名，復歸於無物。是謂無狀之狀，無象之象，是為惚恍。迎之不見其首，隨之不見其後。執古之道，以御今之有。能知古始，是謂道紀。」

則是對於「道體」種種不同的形容。至於第 11 章說：

「故有之以為利，無之以為用。」

「利」指「定用」，「用」指「妙用」。「定用」是特定的、有限的，「妙用」是普遍的、無限的。此是「道用」的進一步說明。最終，則為第 32 章說：

「譬道之在天下，猶川谷之與江海。」

「道」就像「江海」一般，不召不求，而川谷自然而然歸之。自然現象如此，體道的聖人也必然如此，故天下百姓自然而然莫不歸之。能這樣來了解「道」，「道」也就具體可行多了！

十、道家辯證的智慧

老子《道德經》第 7 章說：

「天長地久。天地所以能長且久者，以其不自生，故能長生。是以聖人後其身而身先；外其身而身存。非以其無私邪，故故能成其私。」

王淮先生在《老子探義》中說：

「所謂『無私』者，謂『後其身』與『外其身』也；所謂『能成其私』者謂『身先』與『身存』也。老子此處所言者，實為一種理性的詭譎，所表現者，實為一種辯證的智慧。蓋何以後其身而反身先？！外其身而反身存？！且既無私矣，又何以能反成其私？！此種理論表面觀之，似乎皆是矛盾而不可能者，然而『恢詭譎怪，道通為一』（《莊子・齊物論》語），此則固非一般世俗淺人常識之見者所能表達其義也。須知老子此處乃是就成德之工夫而言，亦即是指修道之活動而言也。本經四十八章曰：『為道日損』，蓋修道之要，在『損』不在『益』，故成德之術在『與』不在『取』。此即所謂理性的詭譎，辯證的智慧。」

又說：

「真理不同於常識，而常與世俗之見解相違反故也。然雖反於俗知，究竟合於正理，故曰：『正言若反¹』。」

綜上所述，「正言若反」就是「辯證的智慧」，這種智慧，除了不同於一般的知識，而為道家所推崇之外，它還有下列幾項特點：

1.道家的智慧，強調要超越相對，達到絕對，所以老子在《道德經》第 2 章說：

「天下皆知美之為美，斯惡已。皆知善之為善，斯不善已。故有無相生，難易相成，長短相形，高下相傾，音聲相和，前後相隨。」

其中，「美」與「惡」、「善」與「不善」，皆是相對的概念，而道體則是絕對的、圓滿無虧的。故莊子在〈齊物論〉中也說：

「是非之彰也，道之所以虧也。道之所以虧，愛之所以成。」

2.道家的智慧，強調從反面顯示真理，故《道德經》第 5 章說：

「天地不仁，以萬物為芻狗；聖人不仁，以百姓為芻狗。」

其義正在矛盾的現象中，顯現真理的超越性與絕對性，這也是莊子所謂的「弔詭」，所謂的「理性的詭譎」。

3.道家的智慧，強調成德者往往「體」、「相」不同，而且時或相反，故第 45 章說：

¹ 王淮在《老子探義》第 78 章中的案語。

> 「大成若缺，其用不弊。大盈若沖，其用不窮，大直若屈，大巧若拙，大辯若訥。」

王淮先生以為「大成」就「體」而言，「若缺」就「相」而言。[2]

4.道家的智慧，強調「無私無我」，能做到無私無我，纔是「道心」，纔是妙用無窮的「智慧」。「有私有我」則是「機心」，儘管有時也能做到第66章所謂的「以言下之」、「以身後之」，然而這只是一種「權術」而非「道術」，未必真能達成「天下樂推而不厭。」[3]

能確實掌握上述這些特點，相信對於道家辯證的智慧，也就不難真正理解了。

---

[2] 見王淮《老子探義》183頁。

[3] 老子《道德經》第66章：「江海所以能為百谷王者，以其善下之，故能為百谷王。是以欲上民必以言下之，欲先民必以身後之。是以聖人處上而民不重，處前而民不害。是以天下樂推而不厭。以其不爭。故天下莫能與之爭。」

十一、儒、道的異同

老子《道德經》第 36 章說：

> 「將欲歙之，必固張之；將欲弱之，必固強之；將欲廢之，必固舉之；將欲奪之，必固與之。是謂微明。」

老子這種辯證的智慧，一般人很難完全掌握，因此稱之為「微明」，表示「深微奧妙的智慧之光」。王淮先生在《老子探義》中說：

> 「儒者論君道以『德』為主，而以『德教』為用；老氏論君道以『智』為主，而以『道術』為用，此其所以異。」

這是儒、道兩家思想，最顯著的差異。不過，儒、道也並非全無相通之處，第 49 章說：

> 「聖人無常心，以百姓心為心。善者，吾善之；不善者，吾亦善之；德善。信者，吾信之；不信者，吾亦信之；德信。聖人在天下，歙歙為天下渾其心。百姓皆注其耳目，聖人皆孩（賅）之。」

其中，「以百姓心為心」，類似儒家「民之所好，好之；民之所惡，惡之」的意思。而所謂「無常心」，也頗類儒家「毋意、毋必、毋固、毋我」之義，此是儒、道兩家看法相接近的地方。至

於第 54 章說：

> 「修之身，其德乃真；修之家，其德乃餘；修之鄉，其德乃長；修之邦，其德乃豐；修之天下，其德乃普。」

王淮先生案語說：

> 「唯『內聖外王』（莊子語）之學，雖為儒道兩家之共法，其精神內容則不必相同。儒家以『修身』為本，以『平天下』為聖德之『極致』，且為一積極之『目的』；道家以『修身』為本，以『治天下』為聖人之『餘事』，乃是無心而自然之一種『效用』，而非一有心之『目的』，此儒道之所以異。」

第 63 章說：

> 「為無為，事無事，味無味。大小多少，報怨以德。」

其中「報怨以德」，蓋因道家的精神，乃超越的、絕對的、普遍的、無私的，不必細分一切相對意義的分別，如「德」與「怨」。儒家則不然，嚴是非善惡之辯，恩怨分明，因此，講究「以直報怨，以德報德」[4]此亦儒道之所以異。

一般人總以為儒家的精神，重在「人文化成」，看待一切問題的價值，總在人文之中，因此，論政看重的是「為政以德」，論教化則強調「人而不仁，如禮何？人而不仁，如樂何？」注意力永遠在「人」身上，對於道家超越人文之上，所主張的「無為而民

---

[4] 請見《論語・憲問篇》。

自化」，大概是不能體會，也不能贊同。實則，儒家雖然強調人應當「好善惡惡」，以便能發揚人性的光輝，但是，他們進一步也強調「無有作好，無有作惡」，主張人不應該刻意去「好惡」，這不就有些類似道家的「無為」了嗎？況且，孔子在《論語‧陽貨篇》中也說：

> （子曰：）「予欲無言。」子貢曰：「子如不言，則小子何述焉？」子曰：「天何言哉？四時行焉，百物生焉，天何言哉？」

〈先進篇〉說：

> （季路問事鬼神？子曰：）「未能事人，焉能事鬼？」曰：「敢問死？」曰：「未知生，焉知死？」

《中庸》第 27 章說：

> 「故君子尊德性而道問學，致廣大而盡精微，極高明而道中庸。」

《孟子‧盡心下》說：

> （浩生不害問曰：「樂正子，何人也？」孟子曰：「善人也，信人也。」「何謂善？何謂信？」曰：）「可欲之謂善，有諸己之謂信，充實之謂美，充實而有光輝之謂大，大而化之之謂聖，聖而不可知之之謂神。樂正子，二之中，四之下也。」

足見儒家的智慧之光，是能夠照見道家所謂「微明」的境

界，只是儒家認為太玄遠的東西，像鬼神、死亡等事，雖然不必否定它，但也不必常常強調它，這就是儒家的基本態度。明知「神」的境界在「聖」的境界之上，但是他不多談，免得不能體會的人，橫生枝節，反而容易誤入歧途。

十二、老、莊的異同

王淮先生在《老子探義》第 39 章案語中說：

> 「老子之思想顯然是有『重點』而有所『取』的（賤與下），
> 此與莊子之思想善於運用『雙遮』而遊於『中』的智慧不
> 同。」

又在第 51 章案語中說：

> 「老子此章為道家宇宙論之典型代表（莊子只有一般的宇宙
> 觀，而無特殊的宇宙論），在方法上是一種分解的宇宙論，
> 在本質上是一種素樸的宇宙論，而在態度上則為一種純哲學
> 理智思辨的宇宙論。」

根據上引所述，王淮先生對於老、莊的評論，往往偏就其相異處
下手，給予讀者的感覺，好似老、莊二聖，差別極大。實則，
老、莊既同為道家最具代表性的人物，必然有其聲氣相通的地
方。因此，我們將先就老、莊相同之處，稍加論述，再兼及其顯
著差異的部分，提出說明。

1.道先於天地而存在此是老、莊共通之處，然而老子的宇宙
論確實比莊子的宇宙論，清楚細膩得多。

老子對於道的說明，或總持地說：「天下萬物生於有，有生於

無。」[5]

　　或分解說：

「道生一，一生二，二生三，三生萬物。」[6]

　　莊子則僅僅是籠統地說：

「有先天地生者物邪？物物者非物。物出不得先物也，猶其有物也。猶其有物也，無已。」[7]

　　不論是總持地說、分解地說或是籠統地說，基本上，老、莊均認為「道」是先於天地而存在的。

　　2.道可體悟而不可言傳

　　老子《道德經》第 14 章云：

「視之不見名曰夷，聽之不聞名曰希，搏之不得名曰微。此三者不可致詰，故混而為一。」

　　又第 1 章云：

「道可道，非常道。」

　　《莊子・大宗師》：

「夫道，有情有信，無為無形；可傳而不可受，可得而不可見；自本自根，未有天地，自古以固存。」

---

[5] 老子《道德經》第 40 章。
[6] 老子《道德經》第 42 章。
[7] 《莊子・知北遊》。

「道」究竟是「形而上」而非「形而下」，故老、莊均認為「道」不可言傳。

3.道無所不在

老子《道德經》第 21 章：

「自古及今，其名不去，以閱眾甫。」

《莊子・知北遊》記載東郭子問於莊子曰：

「所謂道，惡乎在？」
莊子曰：「無所不在。」
東郭子曰：「期而後可。」
莊子曰：「在螻蟻。」
曰：「何其下邪？」
曰：「在稊稗。」
曰：「何其愈下邪？」
曰：「在瓦甓。」
曰：「何其愈甚邪？」
曰：「在屎溺。」
東郭子不應。

在老、莊的見解裏，宇宙萬物的生滅變化，皆在「道」的籠罩之中，故「其名不去」，故「無所不在」。

4.純任自然

老子《道德經》第 17 章：

「百姓皆謂我自然。」

第 25 章：

「道法自然。」

第 64 章：

「以輔萬物之自然而不敢為。」

《莊子・應帝王》：

「至人之用心若鏡，不將不迎，應而不藏，故能勝物而不傷。」

又〈齊物論〉：

「天下莫大於秋毫之末，而大山為小；莫壽乎殤子，而彭祖
為夭。天地與我並生，而萬物與我為一。既已為一矣，且得
有言乎？」

　　老、莊對於宇宙萬物，均主張不要盲目地追逐現象，妄加區
別，因為，那只會徒生紛擾而已，一切只要純任自然就好。

5.現象都是相對的關係

　　老子《道德經》第 2 章：

「天下皆知美之為美，斯惡已；皆知善之為善，斯不善已。
故有無相生，難易相成，長短相形，高下相傾，音聲相和，
前後相隨。」

《莊子・大宗師》：

「死生，命也；其有夜旦之常，天也。人之有所不得與，皆
物之情也。」

又〈齊物論〉：

> 「予惡乎知說生之非惑邪？予惡乎知惡死之非弱喪而不知歸者邪？麗之姬，艾封人之子也。晉國之始得之也，涕泣沾襟；及其至於王所，與王同筐床，食芻豢，而後悔其泣也。予惡乎知夫死者不悔其始之蘄生乎？夢飲酒者，旦而哭泣；夢哭泣者，旦而田獵。方其夢也，不知其夢也。夢之中又占其夢焉，覺而後知其夢也。且有大覺而後知此其大夢也，而愚者自以為覺，竊竊然知之。」

老、莊均認為宇宙萬物，一切自然的現象，都是相對的關係。而莊子更進一步認為死生一如夜旦，都只是自然的循環罷了，生固不足喜，死亦不足憂。

老、莊二聖聲氣相通之處，已如上述，今再就其顯有差別部分，略述如下：

1.莊子認為「存在是偶然的」、「要超越相對，臻於絕對」、「人死後有知，且死是樂事」、「擁有宿命觀點」，然而，老子於此四方面問題，卻均未深入觸及。

(1)存在是偶然的

《莊子‧大宗師》：

> 「俄而，子來有病，喘喘然將死，其妻子環而泣之。
> 子犁往問之，曰：『叱！避！無怛化！』倚其戶與之語曰：『偉哉造化，又將奚以汝為，將奚以汝適？以汝為鼠肝乎？以汝為蟲臂乎？』
> 子來曰：『父母於子，東西南北，唯命之從。陰陽於人，

> 不翅於父母；彼近吾死而我不聽，我則悍矣，彼何罪焉？夫
> 大塊載我以形，勞我以生，佚我以老，息我以死。故善吾生
> 者，乃所以善吾死也。今大冶鑄金，金踊躍曰：「我且必爲鏌
> 鋣」，大冶必以爲不祥之金。今一犯人之形，而曰「人耳人
> 耳」，夫造化者必以爲不祥之人。今一以天地爲大爐，以造
> 化爲大冶，惡乎往而不可哉！』成然寐，蘧然覺。」

　　宇宙萬象，或成人，或成物，是沒有必然性的，純是偶然，
全由造物者做主，祂給予我們什麼形體，鼠肝蟲臂，一任自然，
均無不可。硬要強分彼此，實是多餘。

　　(2)超越相對，臻於絕對

　　《莊子・齊物論》：

> 「是亦彼也，彼亦是也。彼亦一是非，此亦一是非，果且有
> 彼是乎哉？果且無彼是乎哉？彼是莫得其偶，謂之道樞。樞
> 始得其環中，以應無窮。是亦一無窮，非亦一無窮也。　故
> 曰莫若以明。」

　　「彼」、「此」，相因而生，相互變化。「彼」不永遠是
「彼」，「此」不永遠是「此」。能消除「彼」、「此」的對立。由
相對走向絕對，纔真正掌握了道的樞紐。

　　(3)死後有知，且死是樂事

　　《莊子・至樂》：

> 「死，無君於上，無臣於下；亦無四時之事，從然以天地為
> 春秋，雖南面王樂，不能過也。」

莊子肯定人死後有知，而且死還是一件樂事，這一點老子確實未深入觸及。

(4)一切盡是造化所為（歸結到宿命）

《莊子·養生主》：

> 「公文軒見右師而驚曰：『是何人也？惡乎介也？天與？其人與？』曰：『天也，非人也。天之生是使獨也，人之貌有與也。以是知其天也，非人也。』」

在莊子看來，一切人事，無非天命。自然稟賦，固然是命；後天傷殘，又何嘗不是命？一切都由不得自己自作主張，因此，人們也只能隨順自然而已。

2.老子「取下」，莊子「遊中」，智慧型態，顯有不同。

老子《道德經》第8章：

> 「上善若水。水善利萬物而不爭，處眾人之所惡，故幾於道。」

第76章：

> 「人之生也柔弱，其死也堅強。草木之生也柔脆，其死也枯槁。故堅強者死之途，柔弱者生之徒。」

第28章：

> 「知其雄，守其雌，為天下谿。為天下谿，常德不離，復歸於嬰兒。知其白，守其辱，為天下谷。為天下谷，常德乃足，復歸於樸。」

第 43 章：

「天下之至柔，馳騁天下之至堅。」

第 61 章：

「大國者下流，天下之交。天下之牝，牝常以靜勝牡。以靜
為下。故大國以下小國，則取小國；小國以下大國，則取大
國。故或下以取，或下而取。大國不過欲兼畜人，小國不過
欲入事人。夫兩者各得其所欲，大者宜為下。」

第 78 章：

「天下莫柔弱於水，而攻堅強者莫之能勝，其無以易之。」

老子的智慧，完全在「守柔處下」方面大放異采。莊子則不
然，其立論不像老子一般，先點出大小、高下、貴賤、強弱，再
告訴你要「取下」。莊子雖仍就相對的兩端立論，卻偏愛運用「雙
遮」以遊於「中」（案：莊子遊中並不同於儒家中庸之道）。其智
慧之光，顯然比老子更增添幾許變動性與神祕性。

《莊子・逍遙遊》：

「小知不及大知，小年不及大年。」

又云：

「今子有五石之瓠，何不慮以為大樽而浮乎江湖，而憂其瓠
落無所容？則夫子猶有蓬之心也夫！」

足見莊子在第一篇〈逍遙遊〉中，立論仍有「譏諷小，推崇

大」之意。若要超越相對，以達絕對，似乎要等到第二篇〈齊物論〉裏，莊子纔充分顯現「遊中」的超越智慧。

《莊子‧齊物論》：

> 「雖然，方生方死，方死方生；方可方不可，方不可方可；因是因非，因非因是。是以聖人不由，而照之於天，亦因是也。是亦彼也，彼亦是也。彼亦一是非，此亦一是非。果且有彼是乎哉？果且無彼是乎哉？彼是莫得其偶，謂之道樞。樞始得其環中，以應無窮。是亦一無窮，非亦一無窮也。故曰莫若以明。」

又云：

> 「天下莫大於秋毫之末，而大山為小；莫壽乎殤子，而彭祖為夭。天地與我並生，而萬物與我為一。」

　　莊子所論，顯然比老子更加不同凡響，更加不同於世俗的見解知識。然而，理本就有真俗，智本就有深淺，莊子所欲傳達的真理，在多數人眼中看來，還真有如一道眩光，想確實掌握，的確不是件容易的事。

　　簡單地說，若就宇宙論而言，老子的見解確實比莊子的看法深刻了許多；然若就名理邏輯性而言，則莊子的論述，又顯然比老子的推論深奧了很多。這就是為什麼老子的文字雖少，意思卻不見得好懂，而莊子的文字雖多，卻還是照樣眩人耳目，意思同樣難以掌握。而這也正是老莊道家被稱為「玄理」的主要原因。既然是「玄」，當然不那麼普通，不那麼一般。有鑑於此，年輕人在接觸老莊玄學時，恐怕還得多點耐性了！

播種篇

將《老子》各章的要旨，深植於讀者心田。

《老子》各章要旨

第 1 章

　　道為天地之始，而天地為萬物之母。道極其深微奧妙，乃「眾理」與「萬物」根本之所在，然而卻是不可言傳的。

> 道可道，非常道。名可名，非常名。無名，天地之始；有名，萬物之母。故常無，欲以觀其妙；常有，欲以觀其徼。此兩者，同出而異名。同，謂之玄。玄之又玄，眾妙之門。

第 2 章

　　天下之所以紛擾，乃因為一切現象都是對立的型態所構成，故為有道者所不取，因此聖人常「自然無為」。

> 天下皆知美之為美，斯惡已。皆知善之為善，斯不善已。故有無相生，難易相成，長短相形，高下相傾，音聲相和，前後相隨。是以聖人處無為之事，行不言之教；萬物作焉而不辭，生而不有，為而不恃，功成而弗居。夫唯弗居，是以不去。

第 3 章

　　少私寡欲，纔是致治的根本。此所以聖人要「虛心弱志，實

腹強骨。」無知、無欲、無為，自然就無不治。

> 不尚賢，使民不爭；不貴難得之貨，使民不為盜；不見可
> 欲，使民心不亂。是以聖人之治，虛其心，實其腹，弱其
> 志，強其骨。常使民無知無欲。使夫智者不敢為也。為無為，
> 則無不治。

第 4 章

　　道體虛無，道用不盡。道之為物，乃先於天地萬物而存在。

> 道沖而用之或不盈，淵兮似萬物之宗；挫其銳，解其紛，和
> 其光，同其塵，湛兮似或存。吾不知誰之子，象帝之先。

第 5 章

　　天地不私一物，雨露均霑。其所以能兼容並蓄、化生萬物者，
正在於天地之間是虛空的。此一特性，也深為聖人所效法。

> 天地不仁，以萬物為芻狗；聖人不仁，以百姓為芻狗。天地
> 之間，其猶橐籥乎？虛而不屈，動而愈出。多言數窮，不如
> 守中。

第 6 章

　　陰陽二氣的感應變化，乃天地萬物之所由生。而道體的變化
莫測，妙用無窮，正是藉著陰陽二氣的動靜變化，所呈現出來
的。

> 谷、神、不死，是謂玄牝。玄牝之門，是謂天地根。綿綿若
> 存，用之不勤。

第 7 章

　　天地之所以能既長且久者，乃由於其不自生，而這一點也是
聖人修道成德的唯一途徑。

> 天長地久。天地所以能長且久者，以其不自生，故能長生。
> 是以聖人後其身而身先；外其身而身存。非以其無私邪，故
> 能成其私。

第 8 章

　　水的特性最接近道，而常為體道的聖人所激賞。中間一段的
文字描述，則是水在自然界的種種表象，而為有德者立身處事的
標竿。

> 上善若水。水善利萬物而不爭，處眾人之所惡，故幾於道。
> 居善地，心善淵，與善仁，言善信，正善治，事善能，動善
> 時。夫唯不爭，故無尤。

第 9 章

　　功成身退，固然是天之道，同時也是人之道。沖虛為體，謙
卑為用，是自然之常道，也是人文之常道。

> 持而盈之，不如其已；揣而銳之，不可長保。金玉滿堂，莫
> 之能守；富貴而驕，自遺其咎。功遂身退，天之道。

第 10 章

修道之士，當抱樸守真，無欲無為，修證智慧，揚棄知識。

> 載營魄抱一，能無離乎？專氣致柔，能嬰兒乎？滌除玄覽，
> 能無疵乎？愛國治民，能無知乎？天門開闔，能為雌乎？明
> 白四達，能無知乎？（生之，畜之。生而不有，為而不恃，
> 長而不宰，是謂玄德。）

第 11 章

宇宙萬物所呈現的作用有二：其一為有限的定用，其二為無
限的妙用。

> 三十輻，共一轂，當其無，有車之用。埏埴以為器，當其無，
> 有器之用。鑿戶牖以為室，當其無，有室之用。故有之以為
> 利，無之以為用。

第 12 章

人類的感覺器官，接觸過多的刺激，是會漸漸麻木的。因此，
聖人重在修德養性，而不務外馳。

五色令人目盲，五音令人耳聾，五味令人口爽，馳騁畋獵令人心發狂，難得之貨令人行妨。是以聖人為腹不為目，故去彼取此。

第 13 章

人一旦有寵辱得失之心，就不可能逍遙自適。能完全忘去自身，達到「渾然忘我」的境界，以「出世的精神」開創「入世的事業」，纔可能自身無患而天下至治。

寵辱若驚，貴大患若身。何謂寵辱若驚？寵（為上，辱）為下，得之若驚，失之若驚，是謂寵辱若驚。何謂貴大患若身？吾所以有大患者，為吾有身，及吾無身，吾有何患？故貴以身為天下，若可寄天下；愛以身為天下，若可託天下。

第 14 章

道的本體是看不見、聽不到，摸不著的。即道是無色、無聲、無形，而名之曰夷、希、微。它僅可讓人體會證悟，卻偏又不可言傳。然其作用變化，則是相當玄妙的。能以簡御繁，以不變應萬變，纔算真正了解「道」的綱紀。

視之不見名曰夷，聽之不聞名曰希，搏之不得名曰微。此三者不可致詰，故混而為一。其上不皦，其下不昧。繩繩兮不可名，復歸於無物。是謂無狀之狀，無象之象，是謂惚恍。迎之不見其首，隨之不見其後。執古之道，以御今之有。能知古始，是謂道紀。

第 15 章

　　古之善為道者，微妙玄通，深不可識。若強為之容，則修道之士的種種表現，將會有中段那些文字的具體形容。最後，修道者的內心，總得要保持明理、清靜、生動，且不偏執一方，則其心靈作用纔能真正生生不息。

> 古之善為道者，微妙玄通，深不可識。夫唯不可識，故強為之容：豫兮若冬涉川，猶兮若畏四鄰，儼兮其若客，渙兮若冰之將釋，敦兮其若樸，曠兮其若谷，渾兮其若濁。（孰能晦以理之徐明？）孰能濁以靜之徐清？孰能安以動之徐生？保此道者不欲盈，夫唯不盈，故能蔽而新成。

第 16 章

　　修道者的功夫，在致虛極、守靜篤。如此，心靈纔能純淨無染地照察萬物，並逐漸透悟到萬物的本源，蓋循環反覆，乃天道運行的基本法則，修道之士若能善加體會，則一切視聽言動，自然純任自然，而至「沒身不殆」！

> 致虛極，守靜篤。萬物並作，吾以觀其復。夫物芸芸，各復歸其根。歸根曰靜，是謂復命。復命曰常，知常曰明。不知常，妄作，凶。知常容，容乃公，公乃全，全乃天，天乃道，道乃久。沒身不殆。

第 17 章

最好的國君，好似一無所為；故下民，只知有其上而已矣，所謂「帝力何有於我哉？」

次一等的國君，雖然可親可譽，總是難脫有心有為之嫌，仍然不夠「自然無為」。儒家的聖王，通常就落在這個境界層次上。

再其次者，就等而下之，也就沒什麼好談的了！

> 太上，下知有之。其次，親而譽之。其次，畏之。其次，侮之。信不足焉，有不信焉。悠兮其貴言，功成事遂，百姓皆謂我自然。

第 18 章

上古之人，無知無識，民自樸實。及至中古，智巧一出，人民反而因法作奸，詐偽日盛。「孝慈忠臣」受到重視的時候，也正是國家社會昏亂不和的表徵。

> 大道廢，有仁義；智慧出，有大偽；六親不和，有孝慈；國家昏亂，有忠臣。

第 19 章

老子思想純任自然，故有「反人文」的傾向。其表現在政治、社會以及經濟上的實質意義，就是「絕聖棄智，民利百倍」、「絕仁棄義，民復孝慈」以及「絕巧棄利，盜賊無有。」

絕聖棄智，民利百倍；絕仁棄義，民復孝慈；絕巧棄利，盜賊無有。此三者以為文不足，故令有所屬：見素抱樸，少私寡欲。

第 20 章

老子反對經驗知識，是其思想中的基本看法，蓋「學」與「道」，性質本就不同，甚至是完全相反，因此，對治的方法也完全不一樣。老子既然是站在「修道」的立場來說話，當然要說「絕學無憂」了！

絕學無憂，唯之與阿，相去幾何？善之與惡，相去若何？人之所畏，不可不畏。荒兮其未央哉！眾人熙熙，如享太牢，如春登臺。我獨泊兮其未兆，如嬰兒之未孩；儡儡兮若無所歸。眾人皆有餘，而我獨若遺。我愚人之心也哉，沌沌兮。俗人昭昭，我獨昏昏。俗人察察，我獨悶悶。忽兮其若海，漂兮若無所止。眾人皆有以，而我獨頑似鄙。我獨異於人，而貴食母。

第 21 章

道的體用，儘管虛無變化，令人難以掌握，然而它卻是天地萬物所由生的原理、原質。

孔德之容，惟道是從。道之為物，惟恍惟惚。惚兮恍兮，其中有象；恍兮惚兮，其中有物。窈兮冥兮，其中有精；其精甚真，其中有信。自古及今，其名不去，以閱眾甫。吾何以知眾甫之狀哉？以此。

第 22 章

　　一切現實生活的經驗，「目的」與「手段」往往是相反的，有深刻的觀察與體驗者，纔能確實明白這個道理。此所以聖人的言行，往往不同於世人的紛擾雜亂，而為眾人所景仰，亦即所謂「聖人抱一為天下式」。

> 曲則全，枉則直，窪則盈，敝則新，少則得，多則惑。是以聖人抱一為天下式。不自見，故明；不自是，故彰；不自伐，故有功；不自矜，故長。夫唯不爭，故天下莫能與之爭。古之所謂曲則全者，豈虛言哉！誠全而歸之。

第 23 章

　　希言自然，清靜無為，纔是可長可久之道；多言多事，躁動妄作，沒有不走向敗亡之途的，就像「飄風不終朝，驟雨不終日」一般。

> 希言自然。飄風不終朝，驟雨不終日。孰為此者？天地。天地尚不能久，而況於人乎？故從事於道者，同於道。德者，同於德。天者，同於天。同於道者，道亦樂得之；同於德者，德亦樂得之；同於天者，天亦樂得之。信不足焉，有不信焉。

第 24 章

　　世人處事，操之過急，不能從容安靜，便容易導致「跂者不

立，跨者不行」的毛病。此外，自見、自是、自伐、自矜，從修道的立場來看，更是完全多餘而沒有必要的，即所謂的「餘食贅行，物或惡之，故有道者不處也。」

> 跂者不立，跨者不行。自見者不明，自是者不彰，自伐者無功，自矜者不長。其於道也，曰「餘食贅行」。物或惡之，故有道者不處也。

第 25 章

道體先於天地而存在，道用循環反覆而無窮。萬物皆依此而自然生成變化，所以說「道可以為天下母」。然而，宇宙萬事萬物，為何會是如此般的呈現，說穿了「自然而已」！

> 有物混成，先天地生。寂兮寥兮，獨立而不改，周行而不殆，可以為天下母。吾不知其名，字之曰道，強為之容，曰大。大曰逝，逝曰遠，遠曰反。故道大，天大，地大，人亦大。域中有四大，而人居其一焉。人法地，地法天，天法道，道法自然。

第 26 章

修道者在心境上要能持重守靜，而不能輕浮躁動。落實以道治國平天下，也要能「燕處超然」，而不可勞累困頓，為賢者所笑。

重為輕根，靜為躁君。是以聖人終日行不離輜重。雖有榮觀，燕處超然。奈何萬乘之主，而以身輕天下？輕則失根，躁則失君。

第 27 章

聖人處事，因任自然，故無固定的模式可循，然其效用，卻偏偏又至為深切。無論善惡，不分賢愚，體物無遺，大公無私，是所謂「襲明」，是所謂「要妙」。

善行無轍跡，善言無瑕讁；善計不用籌策；善閉無關楗而不可開，善結無繩約而不可解。是以聖人常善救人，故無棄人；常善救物，故無棄物。是謂襲明。故善人者，不善人之師；不善人者，善人之資。不貴其師，不愛其資，雖智大迷。是謂要妙。

第 28 章

修道者當守柔處弱，謙下自持，纔算是符合恆久不變的常道，纔算是回歸到道的本源。以茲治國養民，也纔不致支離破碎。

知其雄，守其雌，為天下谿。為天下谿，常德不離，復歸於嬰兒。知其白，守其辱，為天下谷。為天下谷，常德乃足，復歸於樸。樸散則為器，聖人用之，則為官長。故大制不割。

第 29 章

　　聖人之有天下，正在無為無執，一切順應自然而已。而所謂的「不得已」，不過就是「自然而然」、「不得不如此」罷了！

> 將欲取天下而為之，吾見其不得已。天下神器，不可為也。為者敗之，執者失之。故物或行或隨；或歔或吹；或強或羸；或載或隳。是以聖人去甚，去奢，去泰。

第 30 章

　　老子強調「自然無為」，當然反對戰爭。尤其土地資源價值的徹底破壞，總在大軍過後。人與人之間的衝突，也就在「冤冤相報」之下，沒完沒了。戰爭絕對是「不得已」之下無可奈何的行為，然而其對於自然與人文兩方面的嚴重傷害，卻是永遠也無法彌補。

> 以道佐人主者，不以兵強天下。其事好還。師之所處，荊棘生焉。大軍之後，必有凶年。善者果而已，不敢以取強。果而勿矜，果而勿伐，果而勿驕。果而不得已，果而勿強。物壯則老，是謂不道，不道早亡。

第 31 章

　　老子的見解，是以「不用兵」為上，不得已而用之，當然要深切了解「不得已」的真義，而以「恬淡」為上，絕不能以用兵為美事，以用兵為樂事。

> 兵者，不祥之器，不得已而用之，恬淡為上。勝而不美，而
> 美之者，是樂殺人。夫樂殺人者，則不可以得志於天下矣。

第 32 章

　　道的特性，雖然幽深精微，令人難以掌握，卻又是無時無刻不在作用著。道如此，天地也是如此，自然潤物，非人力所能干預，此即所謂「道無為而無不為」。

　　行道於天下的聖人，百姓莫不歸之；猶如居卑處下的江海，川谷自然歸之。

> 道常無名。樸雖小，天下莫能臣也。侯王若能守之，萬物將
> 自賓。天地相合，以降甘露，民莫之令而自均。始制有名，
> 名亦既有，夫亦將知止，知止所以不殆。譬道之在天下，猶
> 川谷之於江海。

第 33 章

　　能知人，僅是「智」而已，是世俗的聰慧；能自知，纔是「明」，纔是真實的智慧。

　　人類該追求的是道德生命、精神生命的永恆不朽，所謂「死而不亡者壽」；那麼，物質生命的短暫無常，也就不必太介意了。

> 知人者智，自知者明。勝人者有力，自勝者強。知足者富。
> 強行者有志。不失其所者久。死而不亡者壽。

第 34 章

　　道的作用，徧一切時，徧一切處，無所不在，萬物均藉此而生，然道卻絲毫不居功、不主宰。這種廓然大公、普愛無私的精神，也常是聖人效法之所在。

> 大道氾兮，其可左右。萬物恃之而生而不辭，功成而不有。愛養萬物而不為主。常無欲，可名於小；萬物歸焉而不為主，可名為大。以其終不自為大，故能成其大。

第 35 章

　　音樂與美食，往往能應時感悅人心，而使旅人為之駐足留連，然此終究非常久安適之所。

　　而道之出言，雖淡乎無味，不足以悅人耳目，卻用之不可窮盡。

> 執大象，天下往。往而不害，安平太。樂與餌，過客止。道之出口，淡乎其無味，視之不足見，聽之不足聞，用之不可既。

第 36 章

　　手段與目的，往往相反。「道術」不必是「陰謀詐術」，其本身只是一種自然之道，所謂「反者，道之動；弱者，道之用。」這樣的道理，一般人是很難理解的，故稱之為「微明」。

> 將欲歙之，必固張之；將欲弱之，必固強之；將欲廢之，必固舉之；將欲奪之，必固與之。是謂微明。柔弱勝剛強。魚不可脫於淵，國之利器不可以示人。

第 37 章

　　道的作用的方式是「無為」，道的作用的成效卻是「無不為」。

　　聖人效法道的清靜無為，以治理天下，常令萬物自化，而不予人力干預。若在不斷的生成變化發展之中，而漸離自然，聖人也將以「清靜無為」導之，使之回歸本真。

> 道常無為而無不為。侯王若能守之，萬物將自化。化而欲作，吾將鎮之以無名之樸。無名之樸，夫亦將無欲。不欲以靜，天下將自定。

第 38 章

　　上德之人，無心於為德，反而能成全其德；下德之人，有心於為德，反致德行有虧。

　　所以，無心於無為，纔是上德之人；有心於無為，則僅是下德之人。上德與下德之分，也不過是「用心不同」而已。

　　至於仁、義、禮，則完全脫離了道家的第一義「自然無為」，因此，老子纔會感慨地說：「夫禮者，忠信之薄而亂之者。」

上德不德，是以有德；下德不失德，是以無德。上德無為而無以為；下德為之而有以為。上仁為之而無以為；上義為之而有以為。上禮為之而莫之應，則攘臂而扔之。故失道而後德，失德而後仁，失仁而後義，失義而後禮。夫禮者，忠信之薄，而亂之首。前識者，道之華，而愚之始。是以大丈夫處其厚，不居其薄；處其實，不居其華。故去彼取此。

第 39 章

　　道的作用，無所不包，它是天地萬物存在的基礎。天地萬物的運作，一旦違背了道的原理，則一切終將裂解崩壞。

　　自然現象的生成變化如此，人文現象的敦化流行，又何嘗不然？而道的原理，終究是教導我們守「賤」取「下」的。畢竟，「貴以賤為本，高以下為基。」

昔之得一者，天得一以清，地得一以寧，神得一以靈，谷得一以盈，萬物得一以生，侯王得一以為天下貞。其致之，天無以清將恐裂，地無以寧將恐發，神無以靈將恐歇，谷無以盈將恐竭，萬物無以生將恐滅，侯王無以貴高將恐蹶。故貴以賤為本，高以下為基。是以侯王自稱孤、寡、不穀。此其以賤為本也，非乎？故至譽無譽。不欲琭琭如玉，珞珞如石。

第 40 章

　　老子對於宇宙萬物存在的基本看法，認為「無」、「有」、「物」三者之間的關係，是「天下萬物生於有，有生於無。」而

道的特性，其實是兼含著「無」與「有」的。就道體而言，「道」是「無」；就道用而言，「道」是「有」。

若搭配第 1 章來看，則「道生天地，天地生萬物」是老子宇宙論的基本公式。再約而言之，則「道是無，天地是有」是則「無生有，有生萬物」。

> 反者，道之動；弱者，道之用。天下萬物生於有，有生於無。

第 41 章

人的資質有三等，而聞道之後的態度反應也有三種。悟性高的人，即知即行；悟性中等的人，疑信參半；悟性差的人，完全不信道的真實作用，而只會報以戲謔的嘲笑。

其次，老子又說明修道者的實際內涵，往往與表象所呈現的恰恰相反。這也是「道」難以為世人所了解的重要原因。

> 上士聞道，勤而行之。中士聞道，若存若亡。下士聞道，大笑之；不笑，不足以為道。故建言有之：明道若昧，進道若退，夷道若纇，上德若谷，大白若辱，廣德若不足，建德若偷，質真若渝，大方無隅，大器晚成，大音希聲，大象無形，道隱無名。夫唯道，善貸且成。

第 42 章

老子認為宇宙萬物生程變化發展的脈絡，乃是「道生一，一生二，二生三，三生萬物。」這是說得更為清楚的「宇宙論」，可與「天下萬物生於有，有生於無」（第 40 章）的說法，參酌互

見。

其次陰陽二氣的調和，是萬物能得其養的主要條件。而在陰陽二氣的剛柔消長中，聖人是傾向於教導世人「守柔」。

> 道生一，一生二，二生三，三生萬物。萬物負陰而抱陽，沖氣以為和。人之所惡，唯孤、寡、不穀，而王公以為稱。故物或損之而益，或益之而損。人之所教，我亦教之。強梁者不得其死，吾將以為教父。

第 43 章

虛無柔弱之為用，遠勝於堅實剛強。只不過這種好處，一般人卻很難完全理解。

> 天下之至柔，馳騁天下之至堅。無有入無閒，吾是以知無為之有益。不言之教，無為之益，天下希及之。

第 44 章

修道之士，首重養生全性。名利既然皆屬身外之物，完全無益於生命的涵養，故得失皆不足憂病。能知足知止，纔可以無入而不自得，纔是真正可長可久之道。

> 名與身孰親？身與貨孰多？得與亡孰病？是故甚愛必大費，多藏必厚亡，知足不辱，知止不殆，可以長久。

第 45 章

　　盛德之士，雖體相不同，而其作用，卻是不弊不窮。「清靜無為」不愧是天下人立身處世的唯一準則。

> 大成若缺，其用不弊。大盈若沖，其用不窮。大直若屈，大巧若拙，大辯若訥。靜勝躁，寒勝熱。清靜為天下正。

第 46 章

　　戰爭是有為之中最大的病態表現，能知足寡欲，自然無為，纔是最高的智慧涵養。

　　戰爭來臨時，何止民不聊生，連禽獸也是不得安寧，所以說「生靈塗炭」。

> 天下有道，卻走馬以糞。天下無道，戎馬生於郊。罪莫大於多欲，禍莫大於不知足，咎莫大於欲得。故知足之足，常足矣。

第 47 章

　　智慧是與生俱來、本自具足、完全不假外求的，因此，修道的活動，完全不須仰賴經驗知識的累積，只須恢復吾人智慧的本明即可。此所以說：「不行而知，不見而名，不為而成。」

> 不出戶，知天下；不窺牖，見天道。其出彌遠，其知彌少。是以聖人不行而知，不見而明，不為而成。

第 48 章

為學是經驗知識的追求，須採取日益的方式，即一天一天逐漸的累積。

為道是德性智慧的涵養，須採取日損的方式，即把不相干的欲望執著完全擺落，「道」自然就能呈顯。

換言之，人為的成分完全化盡，也就「自然無為」了。

> 為學，日益；為道，日損。損之又損，以至於無為。無為而無不為。取天下，常以無事；及其有事，不足以取天下。

第 49 章

老子無為而治的政治哲學，其特點，正在「聖人無常心，以百姓心為心。」

主政者，不以個人的意志，強加到人民身上，一切施政均以民意為依歸，相當符合近代政治「以民為主」的基本精神。與儒家「民之所好，好之；民之所惡，惡之」的施政理念，也相當貼近。

> 聖人無常心，以百姓心為心。善者，吾善之；不善者，吾亦善之；德善。信者，吾信之；不信者，吾亦信之；德信。聖人在天下，歙歙焉為天下渾其心。百姓皆注其耳目，聖人皆孩之。

第 50 章

不善養生者，往往執著養生，而致「出乎生，而入乎死地」。

真正善養生者，並不執著養生，反而能超越生死利害之途。

故曰：「生生之厚，動入死地；不顧生生，反無死地。」

出生入死。生之徒，十有三；死之徒，十有三；人之生，動之死地，亦十有三。夫何故？以其生生之厚。蓋聞善攝生者，陸行不遇兕虎，入軍不被甲兵；兕無所投其角，虎無所措其爪，兵無所容其刃。夫何故？以其無死地。

第 51 章

萬物的生成發展，必經過「道、德、物、勢」四個條件，其「生、畜、形、成」完全純任自然。

體道的聖人，效法這種精神，因此，能擁有「生而不有，為而不恃，長而不宰」的玄妙德性。

道生之，德畜之，物形之，勢成之。是以萬物莫不尊道而貴德。道之尊，德之貴，夫莫之命而常自然。故道生之，德畜之。長之育之，亭之毒之，養之覆之。生而不有，為而不恃，長而不宰。是謂玄德。

第 52 章

道的體用，不離不二。修道者，既然明白這個道理，其立身處世，當然得以「清靜無為」為本，纔足以成就智慧之大用。

> 天下有始，以為天下母。既得其母，以知其子；既知其子，
> 復守其母。沒身不殆。塞其兌，閉其門，終身不勤。開其
> 兌，濟其事，終身不救。見小曰明，守柔曰強。用其光，復
> 歸其明，無遺身殃，是為習常。

第 53 章

老子論政，主張「清靜無為」，當然反對一切有為的措施。

政治風氣一旦敗壞，其結果就是「朝甚除，田甚蕪，倉甚虛」；社會風氣敗壞，則形成「服文綵，帶利劍，厭飲食，財貨有餘」。

人人貪求財利，奢靡浮華，內多欲而外有為，這種衰世文明之弊，確實是在位者所當引以為誡。

> 使我介然有知，行於大道，唯施是畏。大道甚夷，而民好
> 徑。朝甚除，田甚蕪，倉甚虛。服文綵，帶利劍，厭飲食，
> 財貨有餘；是謂盜竽。非道也哉！

第 54 章

善於修道建德者，福德常留世間，子孫若誠心祭祀，自可世代不輟。

老子更主張，以「修身」為本，最終亦能德化天下。這一點似乎與儒家「修身、齊家、治國、平天下」的見解，有些相似；只不過道家的作為，須「無心而自然」，纔使合於道。

善建者不拔，善抱者不脫，子孫以祭祀不輟。修之身，其德
乃真；修之家，其德乃餘；修之鄉，其德乃長；修之邦，其
德乃豐；修之天下，其德乃普。故以身觀身，以家觀家，以
鄉觀鄉，以邦觀邦，以天下觀天下。吾何以知天下然哉？以
此。

第 55 章

　　修道養生者，當以「清靜自然」為本，效法赤子嬰兒「生機
暢旺，柔弱無為」，如此纔能全性養生，不為外物所傷。

含德之厚，比於赤子。毒蟲不螫，猛獸不據，攫鳥不搏。骨
弱筋柔而握固。未知牝牡之合而全作，精之至也。終日號而
不嗄，和之至也。知和曰常，知常曰明。益生曰祥（殃）。
心使氣曰強。物壯則老，謂之不道，不道早亡。

第 56 章

　　「知者不言」，純任自然；「言者不知」，徒生事端。

　　蓋智慧之士，一切的言行表現，皆能符合「清靜無為」。雖
在人倫之中，卻能超然物外，不為物累，「故為天下貴」。

知者不言，言者不知。塞其兌，閉其門，挫其銳，解其分，
和其光，同其塵，是謂玄同。故不可得而親，不可得而疏；
不可得而利，不可得而害；不可得而貴，不可得而賤。故為
天下貴。

第 57 章

　　清靜無為，乃治國之常道。一旦陷入有為，一切政治上的措施，往往適得其反。所以說：「法令滋彰，盜賊多有」。

　　唯有自然無心於治國，纔是施政的最高指導原則。「故聖人云：我無為而民自化，我好靜而民自正，我無事而民自富，我無欲而民自樸。」

以正治國，以奇用兵，以無事取天下。吾何以知其然哉？以此。天下多忌諱，而民彌貧；民多利器，國家滋昏；人多伎巧，奇物滋起；法令滋彰，盜賊多有。故聖人云：「我無為，而民自化；我好靜，而民自正；我無事，而民自富；我無欲，而民自樸。」

第 58 章

　　施政者清靜無為，人民便能過著純樸的日子；施政者苛察有為，人民反而生活得不盡如意。

　　是以聖人應世化民，貴在和光同塵，而不正直傷人。

其政悶悶，其民淳淳；其政察察，其民缺缺。禍兮，福之所倚；福兮，禍之所伏。孰知其極？其無正（定）。正復為奇，善復為妖。人之迷，其日固久。是以聖人方而不割，廉而不劌，直而不肆，光而不燿。

第 59 章

聖人修道養生，斷不能多心費神，一切當以「虛靜無為」為主。

誠能虛靜無為，則聖德必日積而盛，可以為一國之君而有天下。此乃所謂「深根固柢、長生久視之道」！

> 治人事天，莫若嗇。夫唯嗇，是謂早服（道）；早服（道）謂之重積德；重積德則無不克；無不克則莫知其極；莫知其極，可以有國；有國之母，可以長久；是謂深根固柢，長生久視之道。

第 60 章

施政者當以「清靜無為」為主，斷不可生事擾民。故老子善為譬喻說：「治大國若烹小鮮」。

烹小魚，若欲去腸去鱗，多是翻攪，則必致靡爛不能成形。而治理國事亦然，聖人不多事干擾，則天下自能充分獲得休養生息。

> 治大國，若烹小鮮。以道莅天下，其鬼不神；非其鬼不神，其神不傷人；非其神不傷人，聖人亦不傷人。夫兩不相傷，故德交歸焉。

第 61 章

治大國者，當如居下流，善養其謙沖忍辱之盛德，則天下之

民自將爭往歸之，如百川之匯注於海。

　　大國能下，則小國歸附，是德之為用；小國能下，則大國包容，是智之為用。智之事易知，德之道難行，故曰：「大者宜為下」。

> 大國者下流，天下之交。天下之牝，牝常以靜勝牡，以靜為下。故大國以下小國，則取小國；小國以下大國，則取大國。故或下以取，或下而取。大國不過欲兼畜人，小國不過欲入事人。夫兩者各得其所欲，大者宜為下。

第 62 章

　　道乃宇宙萬物之中最為尊貴者，以其能普遍保全成就一切人事物。就連天子三公，拱璧駟馬，也不如「坐進此道」之彌足珍貴。

> 道者，萬物之奧。善人之寶，不善人之所保。美言可以市尊，（美）行可以加人。人之不善，何棄之有？故立天子，置三公，雖有拱璧，以先駟馬，不如坐進此道。古之所以貴此道者何？不曰：求以得，有罪以免邪？故為天下貴。

第 63 章

　　體道之士，效法自然之清靜無為，故能超越種種分別，而「報怨以德」。

　　其次，為人處事固然得從易處、細處做起，始能成就難事、大事。唯聖人終不掛心在「為大」這件事上，因此，纔能真正自

然而然地成就其「偉大」。

再者，思慮不周、出言不慎的人，其立身處世，必致困難重重；聖人不以輕率的態度面對世事，反而一點困難也沒有。

> 為無為，事無事，味無味。大小多少，報怨以德。圖難於其易，為大於其細；天下難事必作於易，天下大事必作於細。是以聖人終不為大，故能成其大。夫輕諾必寡信，多易必多難。是以聖人猶難之，故終無難矣。

第 64 章

防患災難，當於亂事尚未形成之時，此之謂「慎始」；而事情快成就之時，萬萬不能鬆懈，此之謂「慎終」。

事件的發展，總是有一定的秩序，譬如：從小到大，自卑至高，由近而遠。能掌握這個發展脈絡，「慎終慎始，則無敗事」。

> 其安易持，其未兆易謀。其脆易泮，其微易散。為之於未有，治之於未亂。合抱之木，生於毫末；九層之臺，起於累土；千里之行，始於足下。（為者敗之，執者失之。是以聖人無為故無敗，無執故無失。）民之從事，常於幾成而敗之。慎終如始，則無敗事。是以聖人欲不欲，不貴難得之貨；學不學，復眾人之所過。以輔萬物之自然，而不敢為。

第 65 章

老子的愚民政策，並非指「君智而民愚」，乃君民兩不用智，同歸於誠樸自然。君上能「不以智治國」，方始是國家之福。

> 古之善為道者，非以明民，將以愚之。民之難治，以其智多。故以智治國，國之賊；不以智治國，國之福。知此兩者亦楷式。能知楷式，是謂玄德。玄德深矣，遠矣，與物反矣，然後乃至大順。

第 66 章

　　江海以其位處卑下，故天下之流水，莫不趨向歸之。體道的聖人，有鑑於此，其治國養民，遂能「以言下之，以身後之」，而贏得「天下樂推而不厭」。

> 江海所以能為百谷王者，以其善下之，故能為百谷王。是以欲上民，必以言下之。欲先民，必以身後之。是以聖人處上而民不重，處前而民不害。是以天下樂推而不厭。以其不爭，故天下莫能與之爭。

第 67 章

　　修道者之境界，所以能既高且大，乃由於其樸拙而不智巧。成德的關鍵，在慈、在儉、在不敢為天下先，是之謂「三寶」。

　　「慈故能勇，儉故能廣，不敢為天下先，故能成器長。」若捨此而不為，則只能走向敗亡之途。

> 天下皆謂我道大，似不肖。夫唯大，故似不肖。若肖，久矣其細也夫！我有三寶，持而保之。一曰慈，二曰儉，三曰不敢為天下先。慈，故能勇；儉，故能廣；不敢為天下先，故能成器長。今舍慈且勇，舍儉且廣，舍後且先，死矣！（夫慈以戰則勝，以守則固。天將救之，以慈衛之。）

第 68 章

　　真正的勇士，必然擁有「不武、不怒、不與」的特性。換言之，它必然擁有「不爭之德」。

　　真正懂得用人之道的人，其為人處事，一定能謙虛為懷，以身下之。如此，輔佐者纔能真正誠心為其所用。

善為士者不武，善戰者不怒，善勝敵者不與，善用人者為之下，是謂不爭之德，是謂用人之力，是謂配天古之極。

第 69 章

　　老子的思想，基本上是反對用兵的；不得已而用之，當然以「恬淡」為上。換言之，執行的時候，總要「若無其事」。最終，老子還特別點出「驕兵必敗，哀兵必勝」的道理。

用兵有言：「吾不敢為主而為客，不敢進寸而退尺。」是謂行無行，攘無臂，扔無敵，執無兵。禍莫大於輕敵，輕敵幾喪吾寶。故抗兵相加，哀者勝矣。

第 70 章

　　自然清靜無為之理，本甚易知，甚易行；偏偏世人喜歡往難處去追尋。因此，老子纔會感歎地說：「天下莫能知，莫能行。」

　　既然「知我者希」，聖人也只好「被褐懷玉」，不輕易以其寶示人了！

> 吾言甚易知，甚易行。天下莫能知，莫能行。言有宗，事有
> 君。夫唯無知，是以不我知。知我者希，則我者貴。是以聖
> 人被褐懷玉。

第 71 章

能充分了解到「知」是有限的，必然有個「所不知」的範
疇，這纔是上等的智慧。

若強「不知」以為「知」，則是修德上莫大的毛病。聖人之所
以能不患此病，乃由於其事先能有所警覺，不願患此毛病，因
此，纔能全然避免毛病的產生。

> 知不知，上；不知知，病。（夫唯病病，是以不病。）聖人
> 不病。以其病病，是以不病。

第 72 章

在上位者，一旦壓迫人民久了，人民終必忍無可忍而起來反
抗之。因此，國君要深明「各得其所，各遂其生」的道理，纔不
致惹來人民的厭惡。

聖人就是因為完全掌握「清靜無為」的原則，因此，他纔能
「自知而不自見，自愛而不自貴」。其選擇，總是異於常人。

> 民不畏威，則大威至。無狎其所居，無厭其所生。夫唯不厭，
> 是以不厭。是以聖人自知不自見；自愛不自貴。故去彼取
> 此。

第 73 章

天道惡剛強而貴柔弱，此所以聖人會深以剛強為戒，而要守柔處弱。

蓋清靜自然的天道，本著無心無為的原則，萬物的生成發展，自然而然就周全無遺。

> 勇於敢則殺，勇於不敢則活。此兩者，或利或害。天之所惡，孰知其故？是以聖人猶難之。天之道，不爭而善勝，不言而善應，不召而自來，繟然而善謀。天網恢恢，疏而不失。

第 74 章

刑罰威權的作用，乃以人民的恐懼心理為基礎。一旦老百姓毫不畏死，試問：刑罰與威權，還能有什麼意義？

天道本有自然的淘汰機制，完全出自於「自然無為」。唯人君往往欲代天司殺，是變成「刻意人為」。而刻意人為的結果，未有不反傷自己。

> 民不畏死，奈何以死懼之？若使民常畏死，而為奇者，吾得執而殺之，孰敢？常有司殺者。夫代司殺者，是謂代大匠斲。夫代大匠斲者。希有不傷其手矣。

第 75 章

在上位者多取於民，老百姓當然會饑貧而無以為生。

在上位者好事多為，老百姓當然會不堪剝奪而難以為治。

在上位者只顧貪圖個人的享受，老百姓當然會民不聊生而致天下大亂。

此所以說：不刻意有為以養生，纔是真正的養生之道。

> 民之饑，以其上食稅之多，是以饑。民之難治，以其上之有為，是以難治。民之輕死，以其（上）求生之厚，是以輕死。夫唯無以生為者，是賢於貴生。

第 76 章

無論就人事現象或自然現象，其觀察所得，都是「柔弱必生，剛強必死」。

因此，老子要說：「堅強者，死之徒；柔弱者，生之徒。」並進一步推論：「兵強則滅，木強則折。」

> 人之生也柔弱，其死也堅強。（萬物）草木之生也柔脆，其死也枯槁。故堅強者死之徒，柔弱者生之徒。是以兵強則滅，木強則折。強大處下，柔弱處上。

第 77 章

天道猶如張弓，重在調和，始能為用，故「高者抑之，下者舉之」，進而「損有餘而補不足」。

聖人效法這種精神，廣行布施，卻又施不望報，充分反映出「不願彰顯其功、其德」的特性。

天之道，其猶張弓與？高者抑之，下者舉之；有餘者損之，不足者補之。天之道，損有餘而補不足。人之道則不然，損不足以奉有餘。孰能有餘以奉天下，唯有道者。是以聖人為而不恃，功成而不處，其不欲見賢。

第 78 章

老子再次以水的特性，來發明「柔弱」之為用的道理。

體道的聖人，效法水的特性，謙沖自牧，受國之「垢」與「不祥」，故反能主社稷而王天下，此之謂「正言若反」。

大道的真理智慧，往往不同於世俗的經驗知識，其理不正有如此者？

天下莫柔弱於水，而攻堅強者莫之能勝，其無以易之。弱之勝強，柔之勝剛，天下莫能莫知能行。是以聖人云：「受國之垢，是謂社稷主；受國不祥，是為天下王。」正言若反。

第 79 章

排難解紛，平息怨懟，處理得再好，也難免還殘留宿怨。所以，真正究竟圓滿之道，還在「必也使無怨乎」。

聖人應世接物，不肯多事好為，其道理正在此。

有德者清靜無為，少遭災難，更由於「天道」雖「無親」，卻還是「常與善人」。

和大怨，必有餘怨，安可以為善？是以聖人執左契，而不責於人。有德司契，無德司徹。天道無親，常與善人。

第 80 章

老子理想國的形態，就是「小國寡民」，就是單純素樸，純任自然的社會模式。

人與人之間，越少交往，就越少衝突。大家「各過各的」生活，彼此都恬淡自足，故曰：「鄰國相望，雞犬之聲相聞。民至老死，不相往來。」

> 小國寡民。使有什伯之器而不用，使民重死而不遠徙。（雖有舟輿，無所乘之，雖有甲兵，無所陳之。）使民復結繩而用之，甘其食，美其服，安其居，樂其俗。鄰國相望，雞犬之聲相聞。民至老死，不相往來。

第 81 章

信者，重在內在的實，而不必求外在的美。

善者，重在內在的德，而不必求外在的辯。

知者，重在內在的道，而不必求外在的博。

故聖人，不積累其外在的貨財珍寶，反能真正養成其盛德廣大。

> 信言不美，美言不信。善者不辯，辯者不善。知者不博，博者不知。聖人不積，既以為人己愈有，既以與人己愈多。天之道，利而不害；聖人之道，為而不爭。

拾穗篇

揀摘《老子》的名章佳句，以供讀者玩味與應用。

《老子》的名章佳句

第 1 章

> 「道可道，非常道；名可名，非常名。無名，天地之始；有
> 名，萬物之母。故常無，欲以觀其妙；常有，欲以觀其徼。
> 此兩者，同出而異名。同，謂之玄。玄之又玄，眾妙之門。」

　　這是《老子》開宗明義的第一章，有許多重要的基本觀念，
都在這一章中呈顯無餘，且後人引述的情形也特別得多。

　　由於這個原因，初學者對於本章中的話頭，宜多所用心，多
所玩味。日後，不但在思想觀念的陳述上，可以稍加徵引；甚至
在日常生活的指點上，也可以確切落實。

　　換言之，全章均值得初學者背誦清楚，在沒事的時候，便可
將之提起，以細細品味箇中的奧妙。

第 2 章

> 「天下皆知美之為美，斯惡已；皆知善之為善，斯不善已。」
> 「是以聖人處無為之事，行不言之教。」

　　「美與惡」等同於現在所謂的「美與醜」，「善與不善」等同
於現代所謂的「善與惡」，均是恰相對反的意思。

　　當執著於一邊的時候，另一邊的情況也自然而然就會產生，

蓋宇宙萬事萬物的存在，本是相對立的型態所構成。能超越相對，以達到絕對，那是修道者的理想境界；一般人還是習慣會落在對立的兩邊。

聖人體悟「道」的特性，因此，其立身處世，遂以「自然無為」為最高的指導原則。

第 3 章

「不尚賢，使民不爭；不貴難得之貨，使民不為盜；不見可欲，使民心不亂。」

「常使民無知無欲，使夫智者不敢為也。為無為，則無不治。」

強調相對的某一邊，另一邊必然跟著顯現出來。若不特別強調其中一邊，另一邊自然也就跟著止息。所以說：「不尚賢，使民不爭」。也因為這個原因，老子遂主張「常使民無知無欲」。

「無知」、「無欲」、「無為」乃至「無我」、「無身」、「無心」、「無私」、「無物」、「無言」、「無爭」、「無執」、「無名」，這些觀念，皆是順著「清靜自然」的要旨，一一推衍而成。

第 4 章

「道沖，而用之或不盈。」

老子認為「道」的作用，之所以能充滿變化，無窮無盡，正在於「道」的本體是虛無中空、深微奧妙的。

短短的一句話，簡潔有力，對於「道」的體用，卻說得相當清楚。

第 5 章

「天地不仁，以萬物為芻狗；聖人不仁，以百姓為芻狗。」

　　天地具化生萬物之德能，然其表現方式卻是「大公無私，一視同仁」，從不偏私任何一物，給人的感覺又像是「不仁不親，不貴不愛」，此所以莊子要說「至仁無親」（庚桑楚篇）、「大仁不仁」（齊物論）。

　　實則，天地對於宇宙間的一切，只是「聽任萬物之自然」而已。聖人體合天道，其立身行事當然也要「聽任萬物之自然」。故曰：「天地不仁，以萬物為芻狗；聖人不仁，以百姓為芻狗。」

第 6 章

「谷、神、不死，是謂玄牝。玄牝之門，是謂天地根。」

　　「道」能化生萬物，精微奧妙，深不可測，所以稱之為「玄牝」。若細分來說，虛空曰谷，不可測曰神，永恆不盡曰不死。而「玄牝之門」，指的是「陰陽二氣的感應變化，那是天地萬物之所以化生的最大根源。」故曰：「玄牝之門，是謂天地根。」

第 7 章

「天地長久。天地所以能長且久者，以其不自生，故能長生。」
「是以聖人後其身而身先，外其身而身存。」

　　天地之所以能永恆而無窮，主要是因為它「不自生」。蓋不

自生，則物盡歸之；自生，則與物相爭相磨，未有不淪落到兩敗俱傷的地步。

聖人有鑑於此，效法天道「自然無為」，不執著有我，而達到「渾然忘我」的境界，當然就能輕易做到「後其身」與「外其身」。常處於「不與人爭，不務求得」這種謙退密藏的境地，聖人反而更容易成全其性德，而為世人所推尊與景仰。故曰：「是以聖人後其身而身先，外其身而身存。」

第 8 章

「上善若水。水善利萬物而不爭，處眾人之所惡，故幾於道。」

水的特性，最為老子所推崇，所以說：「上善若水。」蓋水非但能潤澤萬物、化生萬物，而且居卑處下，不與物爭，跟道的特性最為接近。故曰：「水善利萬物而不爭，處眾人之所惡，故幾於道。」

第 9 章

「持而盈之，不如其已；揣而銳之，不可長保。金玉滿堂，莫之能守；富貴而驕，自遺其咎。功遂身退，天之道。」

盈滿太盛，必致傾溢；鋒芒太露，挫折愈甚。故曰：「持而盈之，不如其已。揣而銳之，不可長保。」這個道理，若落實到人事，便成為「金玉滿堂，莫之能守。富貴而驕，自遺其咎。」

最終，老子便以「功遂身退，天之道。」來做為全章的總

結，說明「謙沖虛靜，急流勇退」，纔是符合自然之常道。當然，
那也是人事之常道。

第 10 章

「載營魄抱一，能無離乎？專氣致柔，能嬰兒乎？」

修道之士，就是要體合陰陽，平心靜氣，纔能如嬰兒般的天
真自然，而沒有一般世俗的雜念與幻想。

蓋一切的思慮與造作，都是多餘的。精神純粹，心氣柔和，
既是赤子之性德，也是修道之士的功夫所在。

第 11 章

「三十輻，共一轂。當其無，有車之用。埏埴以為器，當其
無，有器之用。鑿戶牖以為室，當其無，有室之用。故有之
以為利，無之以為用。」

老子為了要將「無」的「無限妙用」這種道理，充分傳達給
世人知曉，特別舉日常生活中習見的「車、器、室」為例，具體
說明宇宙萬事萬物，若要能從容轉動靈活，一定得掌握「無」的
作用。倘使一切都塞實了，絕對是「無以為用」的。

第 12 章

「五色令人目盲，五音令人耳聾，五味令人口爽，馳騁畋獵
令人心發狂，難得之貨令人行妨。」

一味地追求感官的刺激，最終必致麻木不仁、毫無感覺而已，此所以老子要力勸世人不務外弛。能專力於內在德性的修養，才不致損傷性命的本真，而盡為外物所左右。

第 13 章

「吾所以有大患者，為吾有身，及吾無身，吾有何患？」

人生一切禍患的根源，總在自私自利，時時刻刻總是想到自己，不顧慮旁人。凡事老想到自己，還不是添煩惱而已。能渾然忘我的人，一切的計較不快，便倏爾消然自逝。否則人我之間的區分，是那樣地明顯，時時刻刻注意到的是別人妨礙了自己的利益，心中哪能不起抱怨？不生瞋恨？試問，一個老是擁抱怨恨的人，他哪裡還會有多餘的空間容納幸福？

第 14 章

「視之不見名曰夷，聽之不聞名曰希，搏之不得名曰微。」
「迎之不見其首，隨之不見其後。」

道的特性，完全不同於物理世界的客觀存在，所以世人往往不容易掌握道的體用，而只覺得「道」充滿著神祕的色彩，故曰：「迎之不見其首，隨之不見其後。」

第 15 章

「古之善為道者，微妙玄通，深不可識。」

　　善修道者，體合自然之道，心境上即有無窮的妙用。世人難得有能透悟此理之人，故謂修行人「微妙玄通，深不可識。」

第 16 章

> 「致虛極，守靜篤。」
> 「夫物芸芸，各復歸其根。歸根曰靜，是謂復命。復命曰常，知常曰明。不知常，妄作，凶。」

　　修道之士，欲其心靈能剝落掉現實的染雜，好回復其本性的「清明」，故須專力從事「虛靜」功夫的涵養。這一點，與佛家「轉識成智」的功夫，是相當神似的。

　　天道的運行，本是循環反覆；萬物的生成變化與發展，也是以回歸本源為最終的旨趣。能知道這個法則的人，可謂「明智之士」；若不明白這個道理，則日常所言所行，將會違反常道，而遭致凶禍。

第 17 章

> 「太上，下知有之。其次，親而譽之。其次，畏之。其次，侮之。」

　　在老子的見解裡，最好的國君「無為而治」，是什麼事也不妄作的，一切只是順應自然而已。

　　次一等的國君，以仁義為治，雖然容易贏得百姓的親附，卻總是難脫有心有為之嫌。既是人為的造作，當然違背了最高的政

治指導原則——自然無為。

再次一等的國君，以刑法為治，雖然政務的推動相當順利，百姓卻總是畏之如虎，所謂「伴君如伴虎」。

更次一等的國君，純粹只會使奸耍詐，致令百姓難以忍受；故一旦有隙可乘，老百姓哪有不起來「搞革命」的道理。

第 18 章

> 「大道廢，有仁義；智慧出，有大偽；六親不和，有孝慈；
> 國家昏亂，有忠臣。」

大道是沒有分別的，故雖無心愛物，而萬物卻自能各得其所；仁義則是有分別的，一旦落到有心有為的層次，境界很顯然是低落了不少。

善行到了必須提倡的時候，也正是敗壞到相當程度的時候。故曰：「六親不和，有孝慈。國家昏亂，有忠臣。」

第 19 章

> 「絕聖棄智，民利百倍；絕仁棄義，民復孝慈；絕巧棄利，
> 盜賊無有。」

儒家的人文，在道家的眼中看來，完全是人為的造作，不符合自然的原理，當然老子要極力反對，故曰：「絕聖棄智，絕仁棄義，絕巧棄利。」

第 20 章

> 「絕學無憂。唯之與阿，相去幾何？」
> 「人之所畏，不可不畏。」

　　老子《道德經》第 48 章：「為學，日益；為道，日損。」「學」與「道」，本是性質完全不同的兩種東西，對治的方法也完全相反。老子既然是站在修道的立場，故全力主張「絕學無憂」。

　　惟修道者，雖然效法「自然無為」，但也不宜標新立異，刻意與人不同。故於眾人共同的忌諱，修道者也不宜輕言冒犯，所以說：「人之所畏，不可不畏。」

第 21 章

> 「孔德之容，惟道是從。道之所物，惟恍惟忽。」

　　盛德之士，其行為表現，一切都以合於「道」為基礎，絕不致「好為妄作」，蓋「道法自然」，「自然無為」就是修行人的最高指導原則。「道」是超乎客觀實物而存在的，其本體是虛無奧妙的，其作用是變化無盡的，所以說：「道之為物，惟恍惟忽」，乃極力說明「道」這個東西，是相當難以掌握與了解的。

第 22 章

> 「不自見，故明；不自是，故彰；不自伐，故有功；不自矜，故長。夫唯不爭，故天下莫能與之爭。」

聖人既不自私自利，也不自高自大，故反能比一般人「智慧更明，功德更盛」。

也正因為聖人無心無我，體道自然，不欲與人相爭，結果，世人反而無能與之相爭者。

第 23 章

> 「飄風不終朝，驟雨不終日。」

俗話說：「來得快，去得也快。」「飄風」與「驟雨」，終究只是宇宙天地間事象的變態，而非自然之常道，故其存在僅是偶然的、短暫的，而不能「可長可久」。

第 24 章

> 「跂者不立，跨者不行。自見者不明，自是者不彰，自伐者無功，自矜者不長。」

踮起腳尖站立，是無法撐得很久的。本欲增高而立，結果反而妨害其立。

跨越大步行走，是無法走得長遠的。本欲加快而行，結果反而妨害其行。

「安立緩行」，纔是「立」身「行」世的自然準則。

第 25 章

> 「有物混成，先天地生。寂兮寥兮，獨立而不改，周行而不
> 殆，可以為天下母。吾不知其名，字之曰道。」
> 「人法地，地法天，天法道，道法自然。」

　　「道」先於天地而存在，乃自然生存變化發展之理。未有具體事物存在之前，即先有此理超然獨立於萬物之上。儘管萬物萬象無時無刻不在變化著，而此理、此道卻恆常不變、運行不已。

　　人類存在於宇宙天地之間，本來是十分渺小的，然人類卻是唯一能效法宇宙天地的「自然秩序」，而為群體互動的「倫理秩序」，並進而為心性修養的「道德秩序」，這也正是人類文明的可貴之處。

第 26 章

> 「重為輕根，輕為躁君。」
> 「輕則失根，躁則失君。」

　　修道者心神深靜凝歛，始足以固本培元，理機不亂；若是輕浮躁動，則將導致精神發散，身心俱疲，又何能燕處超然？甚或宰制天下？

第 27 章

「善行無轍迹，善言無瑕讁；善計不用籌策；善閉無關楗而
不可開，善結無繩約而不可解。是以聖人常善救人，故無棄
人；常善救物，故無棄物。是謂襲明。故善人者，不善人之
師；不善人者，善人之資。不貴其師，不愛其資，雖智大迷。
是謂要妙。」

　　道家主張一切順應自然，不可以有人為的造作，因此，為人
處事、待人接物的最高境界，必然是沒有任何人為造作的痕迹，
所以說：「善行無轍迹，善言無瑕讁，善計不用籌策。」

　　聖人治世，效法天道，自然無為，卻終能「無棄人」、「無棄
物」，亦不過是因襲一切人物本然就具有之智慧，以通其暫時之閉
塞耳！故謂之「襲明」。

　　也正因為這個道理，聖人對於一切人事物，均能無分高下，
一意包容，所謂「體物無遺」，是為充分了解道的要妙。

第 28 章

「知其雄，守其雌，為天下谿。為天下谿，常德不離，復歸
於嬰兒。」

　　人當效法谿谷，謙卑居下，守柔處弱，如此，則能「谿不求
物，而物自歸之。」纔算是符合自然之常道，一如嬰兒「雖不用
智，卻無不合於自然之智。」

第 29 章

「將欲取天下而為之，吾見其不得已。天下神器，不可為也，為者敗之，執者失之。」

聖人因循自然，順應天理，當然無心於「取天下而為之」。若有「欲取天下而為之」之事，必然是有「不得已」、「莫可奈何」的情勢發生，使之不得不然。

天下神器，乃天子名位，是政權的象徵。政治當清靜無為，因此說：「天下神器，不可為也。」

第 30 章

「師之所處，棘荊生焉。大軍之後，必有凶年。」

老子反對戰爭，乃因戰爭純是「人禍」，不但是「人為的造作」，更加違反「自然無為」的原理，這是思想原則上的理由。

其次，戰爭過後確實是「生靈塗炭」，而且會帶來毀滅性的災難與仇恨，這是社會事實上的理由。總之，不管是哪一種理由，戰爭的後果，的確是人類最難承受之痛。

第 31 章

「兵者，不祥之器，不得已而用之，恬淡為上。」

老子論「兵」，當然以「不用兵」為究竟原則，故曰：「兵

者，不祥之器。」若論「用兵」，當然又以「不得已」為第一要義，否則勢必引發「好戰」惡習，動不動便以軍事手段處理政治問題。故曰：「不得已而用之，恬淡為上。」

領導者在打完勝仗之後，絕不能以此為樂，以此為美，必須懷抱哀矜恬淡之心，深體百姓遭受的苦難，否則，極易流於「樂殺人」的境地。

第 32 章

「譬道之在天下，猶川谷之於江海。」

行道於天下者，不令不求，而萬物自均自得，猶如川谷之自然匯歸流入江海。深究其原因，亦不外乎江海地處卑下，故天下之川谷莫不歸之。體道的聖人，謙下無為，故天下百姓亦莫不歸之。

第 33 章

「知人者智，自知者明。勝人者有力，自勝者強。」

能知人者，只是「理智」較強，擁有世俗的「聰明」罷了；能自知者，纔是真正的「明智」，纔算是擁有圓滿無缺的「智慧」。因此，「聰明」的人，往往能勝人，蓋其較一般人有些威力；惟有「智慧」之人，始能克制個人的私欲而成為真正的強者。

第 34 章

> 「以其終不自為大，故能成其大。」

　　無心於為大，反而真正能成其大。聖人體道甚深，充分掌握道體「虛無」的特性，故雖德化流行，廓然大公，卻始終不自矜自伐，任運無為，所以，其言行遂完全符合「道」的精神。

第 35 章

> 「樂與餌，過客止。道之出口，淡乎其無味。視之不足見，
> 聽之不足聞，用之不可既。」

　　音樂可以悅耳，美食可以適口，因此，常令旅人為之流連忘往。只是樂與餌，雖可以應時感悅人心，終究非可以長久安處之道。反倒是「道」之出言，最是淡乎寡味，既不足以悅耳目之娛，亦不足以飽口腹之慾，然而其作用卻是不可窮盡。

第 36 章

> 「將欲歙之，必固張之；將欲弱之，必固強之；將欲廢之，
> 必固舉之；將欲奪之，必固與之。是謂微明。」

　　將欲「歙、弱、廢、奪」之，則必固「張、強、舉、與」之。老子此言，幾近「權謀詐術」。實則，老子所言，乃指「道術」而論，「術」是「方法」、是「手段」，本身當無「是非善惡」

的價值判斷在其中。若體會運用得當，自是一種「人生智慧」；若刻意誤導歪用，當然也很容易變成「權謀詐術」。

此道理，深微奧妙，非一般人所能理解，故曰「微明」。

第 37 章

> 「道常無為而無不為。侯王若能守之，萬物將自化。化而欲作，吾將鎮之以無明之樸。」

道的作用方式，雖然「清靜無為」；而其效果卻又至為顯著，圓滿無缺，故曰：「無為而無不為」。

政治領導人若能恪守「自然無為」之道，萬物當然會自生自長，且其生成變化發展，也自然而然會形成一種秩序。而一旦演化過程中，人文化成漸增，自然無為漸失，聖人終將以清靜自然之道來加以節制，使之反樸歸真。

第 38 章

> 「上德不德，是以有德；下德不失德，是以無德。上德無為而無以為，下德無為而有以為。」

上德之人，無心於為德，其德乃全；下德之人，有心於為德，其德反虧。

上德之人與下德之人，完全都能掌握「無為」的大原則，其主要分別，也不過在其用心不同而已，一個「無以為」，一個「有以為」，如此罷了！

> 「故失道而後德，失德而後仁，失仁而後義，失義而後禮。
> 夫禮者，忠信之薄，而亂之首。」

老子以「道」為最高理想，若不能達成，只好退而求其次，講求「德」。若「德」也保不住，那麼，只好講求「仁」。「仁」保不住，講求「義」。「義」保不住，講求「禮」。「禮」已經是「第五志願」，試問，離「第一志願」的「道」那麼遠，它哪裏有不敗壞的道理？

第 39 章

> 「天得一以清，地得一以寧。」

「一」者，道也。天地能順應道之自然，纔得以清明安寧，萬物也纔得以各適其性，各遂其生。

> 「故貴以賤為本，高以下為基。」

高貴者時時不忘其成就的根本，乃在能下能賤，如此，纔能真正成就其高貴，纔能真正算得上是「體道的聖人」。

第 40 章

> 「反者，道之動；弱者，道之用。天下萬物生於有，有生於無。」

道的運行方式是「循環反覆」，道的作用屬性是「柔弱謙下」。

「無」、「有」、「物」三者之間的關聯，依據老子的見解，乃「無」生「有」，「有」生「萬物」。「無」相當於「道」，「有」相當於「天地」，換言之，「道」生「天地」，「天地」生「萬物」。此即老子《道德經》首章所謂：「無名，天地之始；有名，萬物之母。」「無名」是「道」，「有名」是「天地」，同樣是指「道」生「天地」，「天地」生「萬物」。

第 41 章

> 「上士聞道，勤而行之。中士聞道，若存若亡。下士聞道，大笑之；不笑，不足以為道。」

　　知識分子聞道時，之所以有三種不同的態度，乃由於世人的資質悟性，本就有高下不同。悟性高的人，一接觸「道」，就知之甚真，見之甚明，故能勤而行之。悟性中等的人，由於知之未甚真，見之未甚明，故覺得「道」若存若亡。悟性差的人，由於無所知、無所見，因此，一聽聞「道」，就不自禁要發出「自以為是」的訕笑。也正因為其訕笑，纔真正能呈顯出「道」的偉大。

第 42 章

> 「道生一，一生二，二生三，三生萬物。萬物負陰而抱陽，冲氣以為和。」

　　「道」就是「自然」，「自然」生出「一氣」，「一氣」又分「陰、陽」，陰、陽二氣，交互作用，乃產生一物之「形、氣、

質」，是為「三」。依此自然生成變化的原理，萬物遂一一呈現。

　　萬物既稟持陰陽二氣以得其生，故當竭力保持二氣的自然調和，如此，萬物纔得以生生不息。

第 43 章

> 「天下之至柔，馳騁天下之至堅。無有入無閒。」

　　至柔是水，至堅是金石。然滴水往往能穿石，是「天下之至柔，馳騁天下之至堅。」這也正是老子「柔弱勝剛強」之意。

　　無有是至虛，無間是至實。至虛能入至實，是「至柔能入至堅」的更進一步發揮。準此，「虛靜、無為、柔弱」的主張，便是老子強調「負面價值」的最佳寫照。

第 44 章

> 「是故甚愛必大費，多藏必厚亡。」
> 「知足不辱，知止不殆，可以長久。」

　　「甚愛、多藏」乃有心有為而多執著，完全與「因任自然，無心無為」的道家主張相違背，是故經常導致「大費、厚亡」，意即逐漸走向耗神、敗亡之途。

　　能「知足、知止」，纔能「不辱、不殆」，所謂「無為而自然，無心而自得」，始是真正的可長可久之道。

第 45 章

> 「大成若缺，其用不弊。大盈若沖，其用不窮。」

道德圓滿成就者，其外在的行為表現，通常更形謙沖自抑。也正因為其用心不驕不矜，故其運用反而能不窮不弊。

第 46 章

> 「天下有道，却走馬以糞。天下無道，戎馬生於郊。」

天下有道時，戰馬遠離戰場，只能耕治農田；天下無道時，戰馬永難返鄉，只能生於郊野。無道之世，豈僅民不聊生，連禽獸亦將不得安寧。戰亂一起，終將生靈塗炭，此所以老莊道家特別反對「戰爭」。

第 47 章

> 「不出戶，知天下；不窺牖，見天道。其出彌遠，其知彌少。」

修道者智慧通透，充分掌握一切事象的原理、原則，當然可以圓融地處理世俗的一切經驗事物，因此，他即便不出戶、不窺牖，也能知天下、見天道。

而由於「智慧」根本是不假外求的，因此，他惟重內省直覺，而不用外察知覺的工夫，所以說：「其出彌遠，其知彌少。」

第 48 章

> 「為學，日益；為道，日損。損之又損，以至於無為。無為而無不為。」

「學」是「經驗知識」，「道」是「道德智慧」，「學」與「道」的性質，本就是相反的，「學」是外在的，「道」是內在的。因此，欲成就「知識」，就必須接觸外在的對象，並採取一天一天累積的方式來對治它。而欲成就「智慧」就不同了，「智慧」是生命中本然就具有的，完全不假外求，是故必須採取一天一天減損的方式來對治它，將外在不相干的障礙化除掉，本明的智慧自然就呈現了。

西方的教育，重在幫助人成就「知識」，所以是「加法」的教育；東方的教育，重在幫助人成就「智慧」，所以是「減法」的教育。在東方人的認知裏，「智慧德能」都是生命中本然就具有的東西，而有時候它之所以不起作用，完全是因為被外在不相干的事物給障蔽住，只要你能將這些障礙拿掉，智慧德能的作用，自然就能呈顯。

第 49 章

> 「聖人無常心，以百姓心為心。」

道家主張以「無為」治國，故言「聖人無常心」，即指治國的聖人，當無任何主觀的心意，一切都「因循自然」，如若「無心」

一般，施政只要順應民心即可，故曰「以百姓心為心」。

老子此一看法，與「民之所好，好之；民之所惡，惡之。」以及「樂民之樂，民亦樂其樂；憂民之憂，民亦憂其憂。」的儒家見解，確實可以相互發明。

第 50 章

「蓋聞善攝生者，陸行不遇兕虎，入軍不被甲兵。」

真正善於養生者，以無心應世，故不為物累，此所以兕虎甲兵，皆無能為害。此亦莊子〈秋水〉所謂：「非謂其薄之也，言察乎安危，寧於禍福，謹於去就，莫之能害也。」

第 51 章

「是以萬物莫不尊道而貴德。道之尊，德之貴，夫莫之命而常自然。」
「生而不有，為而不恃，長而不宰，是謂玄德。」

物之所由生曰道，物之所由成曰德。道德的重要性有如此者，卻又不自尊、不自貴，其化生萬物，皆無心為之，故曰：「夫莫之命而常自然」。

因其無心，當然無私，所以稱其德深玄，故曰：「生而不有，為而不恃，長而不宰，是謂玄德。」

第 52 章

「塞其兌，閉其門，終身不勤。開其兌，濟其事，終身不救。」

　　塞目不妄視，閉口不妄言，自然不致無事生事，終身勤勤苦苦。反之，妄視妄言，將致終身不救。

第 53 章

「大道甚夷，而民好徑。」

　　大道甚平直易行，只要你肯抱持「清靜無為」的態度，生活將會相當的輕鬆寫意。無奈世人不明此理，反而好行小徑，多欲多為，往往導致精神層面煩惱四起。

第 54 章

「善建者不拔，善抱者不脫，子孫以祭祀不輟。」

　　能「立道守道」之人，由於根基深厚，當然「不拔不脫」，屹立不搖。

第 55 章

「含德之厚，比於赤子。毒蟲不螫，猛獸不據，攫鳥不搏。」

　　修道養生的最高境界，當如嬰孩一般，無欲無求，不犯眾

物，所謂「神全而物不傷」，毒蟲鳥獸亦不加害其身。

第 56 章

> 「知者不言，言者不知。」

　　語言文字雖是人類思想情感的表達工具，然而，其效能卻是非常有限。因此，真正的智者，深明語言工具的侷限性，故不欲多言；而多言者，很顯然並非智者，以其不知「語言非道，多言何益？」

第 57 章

> 「以正治國，以奇用兵，以無事取天下。」

　　「奇」、「正」之別，在「奇」乃「有心有為」，「正」則「無心無為」。治國當以「清靜自然」為常道，治軍則不忌諱施行「奇巧詭詐」之術，蓋「兵者，詭道也。」然「兵者，不祥之器。」不得以而用之，仍以恬淡為上，不能好事多為，如此纔能真正獲得天下民心的歸向。

> 「天下多忌諱，而民彌貧；民多利器，國家滋昏；人多伎巧，奇物滋起；法令滋彰，盜賊多有。故聖人云：『我無為而民自化，我好靜而民自正，我無事而民自富，我無欲而民自樸。』」

　　多事紛擾，非但不能解決問題，反而還會橫生事端，使問題

更加惡化。此所以說「以火救火，以水救水」，只是「益多」而已，哪能真正解決問題。惟一的解決之道，只有「清靜無為」。

第 58 章

「禍兮，福之所倚；福兮，禍之所伏。」

禍、福往往相依相鄰，利、害也往往相伴相隨。只是世人大多未能深切辨明，而為聖人所獨見。「塞翁失馬，焉知非福？」反覆推衍的，便是這個道理。

第 59 章

「治人事天，莫若嗇。」

「少思慮，少費神」就是「嗇」。「嗇」貼近「清靜無為」，故曰：「治人事天，莫若嗇。」

第 60 章

「治大國，若烹小鮮。」

治理大國，更加需要「清靜無為」，絕對不可「生事擾民」，否則，就像煎小魚一般，在不斷地翻攪下，魚還能成形嗎？

第 61 章

> 「故大國以下小國，則取小國；小國以下大國，則取大國。
> 故或下以取，或下而取。大國不過欲兼畜人，小國不過欲入
> 事人。夫兩者各得其所欲，大者宜為下。」

大國之所以成其為大，正在兼容並蓄，須懂得以德為用；小
國之所以能安於其小，正在能趨利避害，當懂得以智為用。大小
之間，均須用柔處弱，唯修卑下，兩者纔能各得其所。大國乃孟
子所謂「樂天者，保天下」，尤宜為下。

第 62 章

> 「道者，萬物之奧。善人之寶，不善人之所保。」

「道」是萬物之最為尊貴者，乃善人之寶，可藉以養生全
性，化民成俗。更是不善人的保障，可藉以趨吉避凶，遠罪豐
家。

第 63 章

> 「為無為，事無事，味無味。大小多少，報怨以德。圖難於
> 其易，為大於其細。天下難事必作於易，天下大事必作於
> 細。是以聖人終不為大，故能成其大。」

「無為、無事、無味」乃「虛無、清靜、恬淡」之意。只要
原則上掌握了「自然無為」，運用到生命中的一切細節，都將極其

輕鬆寫意。蓋世俗所執著的一切，大小多少，都可以完全相忘。逆來、順來，皆能順受之；報怨、報德，當然亦均可以德報之。

　　難事、大事，當然必從易處、小處著手。而欲「圖難、為大」，更須要於其未成之時，即須下手處治之，否則等到事態嚴重，再要補救，就更形困難了，此亦所謂的「知幾」。

　　聖人不刻意「為大」，一切順應自然，反而真正能「成其大」。

第 64 章

> 「其安易持，其未兆易謀，其脆易泮，其微易散。為之於未有，治之於未亂。」
>
> 「合抱之木，生於毫末；九層之臺，起於累土；千里之行，始於足下。」
>
> 「民之從事，常於幾成而敗之。慎終如始，則無敗事。」

　　事情在未成氣候之前，都是容易處理的，所以說要「為之於未有，治之於未亂。」

　　事物的變化發展，往往都是「由小而大，由卑而高，由近而遠」，因此，「慎始慎終」是成事遠害的唯一保障。

第 65 章

> 「古之善為道者，非以明民，將以愚之。民之難治，以其智多。故以智治國，國之賊；不以智治國，國之福。」

老子以為開啟民智的結果，必然詐偽日出，因此治國養民，要「將以愚之」，乃指使民歸於誠樸自然。民「愚」，君未必便「智」，事實上要「兩不用智，渾然相忘，同化於道」，才真正是老子所嚮往的政治形態。

　　若是君上明察，下民愚昧，老百姓純粹是國家生存的工具，那就是法家的愚民政策。

第 66 章

> 「江海所以能為百谷王者，以其善下之，故能為百谷王。」
> 「以其不爭，故天下莫能與之爭。」

　　老子主張治國者當謙下守柔，效法江海容納百川，無私無我，無所不包，如此，纔能真正成就民心的歸向。也正因為江海與聖人，均無私無我，不與人爭，所以，全天下反而無人能與之相抗相爭。

第 67 章

> 「我有三寶，持而保之。一曰慈，二曰儉，三曰不敢為天下先。慈，故能勇；儉，故能廣；不敢為天下先，故能成器長。」

　　三寶乃老子成德的利器，「慈」是寬容慈愛，「儉」是儉約不費，「不敢為天下先」是謙退隨順。

　　世俗崇尚「勇」、「廣」、「成器長」，輕忽「慈」、「儉」、「不

敢為天下先」。卻不知真正能成就「勇廣器長」者，反而是「慈儉不先」這三寶。

第 68 章

「善用人者為之下。」

世人常有「向上之心」，因此，往往不能「相互為用」。治國者若能「謙下守柔」，則天下人盡為所用矣，是真正的善用人者。

第 69 章

「禍莫大於輕敵，輕敵幾喪吾寶。故抗兵相加，哀者勝矣。」

聖人以「慈」為寶，輕敵的結果，終必輕戰，輕殺人，如此自然喪失了「慈之為寶」。故兩軍對峙，用兵者自當戒慎恐懼，而有不得已之哀心，如此纔足以贏得戰爭的勝利。

第 70 章

「吾言甚易知，甚易行。天下莫能知，莫能行。」

道本自然，易知易行，偏偏世人卻捨近求遠，棄易行難。故老子不得不嘆曰：「天下莫能知，莫能行。」

「知我者希，則我者貴。是以聖人被褐懷玉。」

能知聖人者，必是達道之人，而這樣的人，當然是既少且貴的。聖人為了免除世人的排擠對立，其立身行事，也只得「和光同塵」、「被褐懷玉」了，如此纔能與世人相容相得。

第 71 章

> 「知不知，上；不知知，病。聖人不病。以其病病，是以不病。」

「知不知」乃指「知其所不知」，意即充分了解知的侷限性，如此纔是上等真知。

「不知知」意指「強不知以為知」，乃成德上的一種弊病。聖人通達虛靜，當然不致擁有這樣的毛病。也正因為聖人深明其理，常懷警覺之心，要避免犯下「不知知」之病，故謹守其「所知」，而不妄言其「所不知」，始能真正成全其德。

第 72 章

> 「是以聖人自知不自見；自愛不自貴。故去彼取此。」

老子主張人君治國，當以「自然無為」為最高指導原則。既然要「無為」，人君當然得「無心」、「無我」。能「無心」，其行當然「不自見」；能「無我」，其行當然「不自貴」。既「不自見」，又「不自貴」，則人君惟務「韜光養晦」，苛暴之政便無由產生。

第 73 章

> 「勇於敢則殺，勇於不敢則活。」
> 「天之道，不爭而善勝。」
> 「天網恢恢，疏而不失。」

「好強爭勝」，徒然招災惹禍，則「死之徒」而已；「柔弱謙下」，不致冒險犯難，則「生之徒」是已。

天道的無窮妙用，至深至廣，至精至微，其覆載天地，幾乎無所不包，偏又隱約無形，故曰：「疏而不失」。

第 74 章

> 「民不畏死，奈何以死懼之？」
> 「常有司殺者。夫代司殺者，是謂代大匠斲。夫代大匠斲者，希有不傷手矣。」

嚴刑峻法的效用，完全建立在老百姓的恐懼心理之下，一旦「民不畏死」，威權統治還能有什麼作用？

司殺者天，天之於萬物，自有一種律則，順天則生，逆天則亡，「亡」是一種「自然淘汰」，故曰：「司殺者常」。人君欲「代天司殺」，操殺生之柄，最終未有不反傷其手者！

第 75 章

> 「民之饑，以其上食稅之多，是以饑。民之難治，以其上之有為，是以難治。民之輕死，以其上求生之厚，是以輕死。」

「食稅多」是經濟剝削；「上有為」是政治迫害；「求生厚」是求利不厭。所謂「上下交征利」，當然「亡無日矣」！

第 76 章

> 「人之生也柔弱，其死也堅強。草木之生也柔脆，其死也枯槁。故堅強者死之徒，柔弱者生之徒。」

人文與自然之理皆相同，柔弱是生命的徵象，堅強是死亡的徵象。

第 77 章

> 「天之道，其猶張弓與？高者抑之，下者舉之；有餘者損之，不足者補之。天之道，損有餘而補不足。」

天道的作用與張弓的作用相同，重在「調和適度」，故曰：「高抑下舉」、「有餘損之」、「不足補之」。

第 78 章

> 「天下莫柔弱於水，而攻堅強者莫之能勝。」
> 「正言若反。」

　　柔弱勝剛強是自然至理，而水的形象，又是最能具體顯現這項真理。

　　老子一書所言，雖是「自然之常道」，即所謂「正言」，然世人往往不能確信，蓋「真理」本不同於「常識」，「正言」既與「俗知俗見」相反，故曰：「正言若反」。

第 79 章

> 「和大怨，必有餘怨，安可以為善？」
> 「天道無親，常與善人。」

　　有了「怨」，才來平反安撫，縱使盡力排難解紛，「餘怨」終究難以完全化除。所以說「和大怨」非根本究竟之道，「安可以為善」？

　　天道本無偏私，無分親疏，唯助善人，故曰：「得道多助」。

第 80 章

> 「小國寡民。使有什伯之器而不用，使民重死而不遠徙。」
> 「鄰國相望，雞犬之聲相聞。民至老死，不相往來。」

老子的理想國型態，就是「小國寡民」。老百姓生存其間，遠離兵燹，安土重遷。大家彼此各過各的，互不相妨，故曰：「老死不相往來」。

第 81 章

> 「既以為人己愈有，既以與人己愈多。」

　　聖人惟重積德，不積財物，故能廣施財物廣施德，盛德愈施愈多。故曰：「為人愈有，與人愈多。」

炊熟篇

將《老子》「道法自然，清靜無為」的精神，涵養落實在我們的日常生活中或文學表現上。

道家思想在文學表現上的影響

——以陶潛、王維、孟浩然、蘇軾、辛棄疾五人為例

（一）

　　老莊道家的思想，反映到文學表現上，而且表現得光輝燦爛、意味深長，便莫過於陶潛、王維、孟浩然、蘇軾、辛棄疾五人了。雖然他們並非純粹的道家人物，甚至骨子裡，還是儒家的成分為多，但是那一點點的道家精神，便足以讓他們的作品，充分地展現出「閑適自然」的風格情調。

　　「閑適自然」之風的鼻祖是陶潛，其在〈歸園田居〉中云：

> 「少無適俗韻，性本愛丘山。誤落塵網中，一去三十年。……戶庭無塵雜，虛室有餘閒。久在樊籠裡，復得反自然。」

　　又在〈歸去來辭并序〉中說：

> 「彭澤去家百里，公田之利，足以為酒，故便求之。及少日，眷然有歸與之情。何則？質性自然，非矯厲所得；飢凍雖切，違己交病。嘗從人事，皆口腹自役，於是悵然慷慨，深媿平生之志。……富貴非吾願，帝鄉不可期。……聊乘化以歸盡，樂夫天命復奚疑？」

又〈桃花源記并序〉中云：

> 「怡然有餘樂，於何勞智慧？」

又〈五柳先生傳〉中曰：

> 「閒靜少言，不慕榮利。好讀書，不求甚解；每有會意，便
> 欣然忘食。性嗜酒，家貧不能恆得。……環堵蕭然，不蔽風
> 日；短褐穿結，簞瓢屢空；晏如也。常著文章自娛，頗示己
> 志。忘懷得失，以此自終。」

又〈讀史述九章・屈賈〉中云：

> 「進德修業，將以及時；如彼稷契，孰不願之？」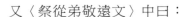

又〈與子儼等疏〉中曰：

> 「少學琴書，偶愛閒靜，開卷有得，便欣然忘食。見樹木交
> 蔭，時鳥變聲，亦復歡然有喜。常言五六月中，北窗下臥，
> 遇涼風暫至，自謂是羲皇上人。」

又〈祭從弟敬遠文〉中曰：

> 「余嘗學仕，纏綿人事，流浪無成，懼負素志。」

從「質性自然，非矯厲所得」、「久在樊籠裡，復得反自然」
乃至「閒靜少言」、「偶愛閒靜」，均可看出陶潛本性偏好「閒適
自然」的情調，因此，他在作品中，便時常透露出這樣的風情，
並以〈飲酒第五首〉為最具代表性，其詩云：

> 「結廬在人境，而無車馬喧。問君何能爾？心遠地自偏。採菊東籬下，悠然見南山。山氣日夕佳，飛鳥相與還。此中有真意，欲辯已忘言。」

只不過，陶潛終究還是傳統的讀書人，而讀書人哪有「不用世」的道理？此所以他在〈讀史述九章・屈賈〉中云：

> 「進德修業，將以及時；如彼稷契，孰不願之？」

又在〈祭從弟敬遠文〉中曰：

> 「余嘗學仕，纏綿人事，流浪無成，懼負業志。」

足見陶潛也曾想過要成就「堯舜事業」，只是在「口腹自役」的折磨下，他最終還是選擇「回歸山林」。而這個選擇也確實較貼近他的本性——「性本愛丘山」。

陶潛原本的儒家用世之志，其線索脈絡是相當清晰可見的，具體事例如下：

〈癸卯歲始春懷古田舍之二〉：

> 「先師有遺訓，憂道不憂貧。瞻望邈難逮，轉欲志長勤。」

〈飲酒之十六〉：

> 「少年罕人事，遊好在六經。行行向不惑，淹留遂無成。」

〈飲酒之十七〉：

「幽蘭生前庭，含薰待清風。清風脫然至，見別蕭艾中。行行失故路，任道或能通。覺悟當念還，鳥盡藏良弓。」

〈詠荊軻〉：

「惜哉劍術疏，奇功遂不成。其人雖已沒，千載有餘情。」

〈讀史述九章・屈賈〉：

「進德修業，將以及時；如彼稷契，孰不願之？」

〈讀史述九章・韓非〉：

「君子失時，白首抱關。」

〈讀史述九章・魯二儒〉：

「易大隨時，迷變則愚。」

「才為世用，以建事功」本是所有讀書人的天職，此所以孟子在滕文公下第 3 章說：「古之人，未嘗不欲仕也，又惡不由其道。」無奈，世事總未必盡如人意，陶潛在幾度淹留困頓之中，道家虛無之感遂時時湧現，而原本儒家用世之志，也一點一滴消蝕得無影無蹤。例如：

〈神釋〉：

「縱浪大化中，不喜亦不懼。應盡便須盡，無復獨多慮。」

〈歸園田居之四〉：

> 「人生似幻化，終當歸空無。」

〈怨詩楚調示龐主簿鄧治中〉：

> 「天道幽且遠，鬼神茫昧然。……吁嗟身後名，於我若浮
> 煙。」

〈始作鎮軍參軍經曲阿作〉：

> 「望雲慚高鳥，臨水愧游魚。真想初在襟，誰謂形迹拘。聊
> 且憑化遷，終反班生廬。」

〈雜詩之一〉：

> 「人生無根蒂，飄如陌上塵。分散逐風轉，此已非常身。」

〈詠二疏〉：

> 「大象轉四時，功成者自去。借問衰周來，幾人得其趣？」

　　既然，宇宙人生事相，大多都是虛幻不真的，那又何必在這
上面白費力氣？還不如「及時行樂」來得好！因此，陶潛的作
品，便也時常透露出「及時行樂之想」。例如：

〈雜詩之一〉：

> 「得歡當作樂，斗酒聚比鄰。盛年不重來，一日難再晨。及
> 時當勉勵，歲月不待人。」

〈雜詩之六〉：

「求我盛年歡，一毫無復意。去去轉欲遠，此生豈再值？傾家時作樂，竟此歲月駛。有子不留金，何用身後置？」

〈詠二疏〉：

「放意樂餘年，遑恤身後慮。」

〈讀山海經之一〉：

「俯仰終宇宙，不樂復何如？」

　　然而陶潛的「及時行樂」，恐未必是儒家的「自得之樂」，當然也並非道家的「無為之樂」，只是在茫昧的時間長流中，勉強想捉住一點「存在感」罷了！

　　話雖如此，陶潛終究還是傳統文人，思想底蘊究竟深厚，總的來說，他的思想應當還是「儒、道合一」，甚或說得更清楚些，是「由儒入道」。下列這些引述，應足以證明這樣的推論——

　　〈感士不遇賦并序〉：

「夫履信思順，生人之善行；抱朴守靜，君子之篤素。……承前王之清誨，曰天道之無親。」

　　〈五柳先生傳〉：

「閒靜少言，不慕榮利。好讀書，不求甚解；每有會意，便欣然忘食。……環堵蕭然，不蔽風日；短褐穿結，簞瓢屢

空；晏如也。常著文章自娛，頗示己志。忘懷得失，以此自終。」

〈感士不遇賦并序〉：

「雖好學與行義，何死生之苦辛！疑報德之若茲，懼斯言之虛陳。……寧固窮以濟意，不委曲而累己。既軒冕之非榮，豈縕袍之為恥？誠謬會以取拙，且欣然而歸止。擁孤襟以畢歲，謝良價於朝市。」

〈祭從弟敬遠文〉：

「余嘗學仕，纏緜人事，流浪無成，懼負素志。」

總結來說，陶潛的思想雖根源於儒、道兩家，然而卻又不十分純粹，反映在文學的表現上，也不過是玩弄一點光影罷了。可是，僅僅是這一點點光影，再加上他「純真自然」的本性，就足以使其作品傲視群倫，永垂不朽。今謹略述其代表作如下，俾便讀者自行領略其輝光耀彩：

〈歸園田居五首之一〉：

少無適俗韻，性本愛丘山。誤落塵網中，一去三十年。羈鳥戀舊林，池魚思故淵。開荒南野際，守拙歸園田。方宅十餘畝，草屋八九間。榆柳蔭後簷，桃李羅堂前。曖曖遠人村，依依墟里煙。狗吠深巷中，雞鳴桑樹顛。戶庭無塵雜，虛室有餘閒。久在樊籠裡，復得返自然。

〈歸田園居五首之三〉：

種豆南山下，草盛豆苗稀。晨興理荒穢，帶月荷鋤歸。道狹草木長，夕露霑我衣。衣霑不足惜，但使願無違。

〈癸卯歲始春懷古田舍之二〉：

先師有遺訓，憂道不憂貧。瞻望邈難逮，轉欲志長勤。秉耒歡時務，解顏勸農人。平疇交遠風，良苗亦懷新。雖未量歲功，既事多所欣。耕種有時息，行者無問津。日入相與歸，壺漿勞近鄰。長吟掩柴門，聊為隴畝民。

〈飲酒之五〉：

結廬在人境，而無車馬喧。問君何能爾？心遠地自偏。採菊東籬下，悠然見南山。山氣日夕佳，飛鳥相與還。此中有真意，欲辯已忘言。

〈雜詩十二首之一〉：

人生無根蒂，飄如陌上塵。分散逐風轉，此已非常身。落地為兄弟，何必骨肉親！得歡當作樂，斗酒聚比鄰。盛年不重來，一日難再晨。及時當勉勵，歲月不待人。

〈雜詩十二首之六〉：

昔聞長者言，掩耳每不喜。奈何五十年，忽已親此事。求我盛年歡，一毫無復意。去去轉欲速，此生豈再值。傾家時作樂，竟此歲月駛。有子不留金，何用身後置！

〈讀山海經十三首之一〉：

孟夏草木長，繞屋樹扶疏。眾鳥欣有託，吾亦愛吾廬。既耕
亦已種，時還讀我書。窮巷隔深轍，頗迴故人車。歡言酌春
酒，摘我園中蔬。微雨從東來，好風與之俱。泛覽周王傳，
流觀山海圖。俯仰終宇宙，不樂復何如。

〈歸去來辭并序〉：

　余家貧，耕植不足以自給；幼稚盈室，缾無儲粟，生生
所資，未見其術。親故多勸余為長吏，脫然有懷，求之靡
途。會有四方之事，諸侯以惠愛為德，家叔以余貧苦，遂見
用於小邑。於時風波未靜，心憚遠役；彭澤去家百里，公田
之利，足以為酒，故便求之。及少日，眷然有歸與之情。何
則？質性自然，非矯厲所得；飢凍雖切，違己交病。嘗從人
事，皆口腹自役；於是悵然慷慨，深媿平生之志。猶望一
稔，當斂裳宵逝；尋程氏妹喪於武昌，情在駿奔，自免去
職。仲秋至冬，在官八十餘日。因事順心，命篇曰〈歸去來
兮〉；乙巳歲十一月也。

　歸去來兮，田園將蕪胡不歸！既自以心為形役，奚惆悵
而獨悲。悟已往之不諫，知來者之可追；實迷途其未遠，覺
今是而昨非。舟遙遙以輕颺，風飄飄而吹衣；問征夫以前
路，恨晨光之熹微。

　乃瞻衡宇，載欣載奔；僮僕歡迎，稚子候門。三徑就
荒，松菊猶存；攜幼入室，有酒盈罇。引壺觴以自酌，眄庭
柯以怡顏；倚南窗以寄傲，審容膝之易安。園日涉以成趣，

門雖設而常關；策扶老以流憩，時矯首而遐觀。雲無心而出岫，鳥倦飛而知還。景翳翳以將入，撫孤松而盤桓。

歸去來兮，請息交以絕遊。世與我而相違，復駕言兮焉求！悅親戚之情話，樂琴書以消憂。農人告余以春及，將有事於西疇。或命巾車，或棹孤舟；既窈窕以尋壑，亦崎嶇而經丘。木欣欣以向榮，泉涓涓而始流；善萬物之得時，感吾生之行休！已矣乎，寓形宇內，能復幾時？曷不委心任去留！

胡為遑遑兮欲何之？富貴非吾願，帝鄉不可期。懷良辰以孤往，或植杖而耘耔。登東皋以舒嘯，臨清流而賦詩。聊乘化以歸盡，樂夫天命復奚疑。

〈桃花源記并詩〉：

晉太元中，武陵人捕魚為業，緣溪行，忘路之遠近，忽逢桃花林。夾岸數百步，中無雜樹，芳草鮮美，落英繽紛；漁人甚異之。復前行，欲窮其林。林盡水源，便得一山。山有小口，髣髴若有光；便捨船從口入。初極狹，纔通人；復行數十步，豁然開朗。土地平曠，屋舍儼然，有良田美池桑竹之屬；阡陌交通，雞犬相聞。其中往來種作，男女衣著，悉如外人；黃髮垂髫，並怡然自樂。見漁人，乃大驚；問所從來；具答之。便要還家，為設酒殺雞作食；村中聞有此人，咸來問訊。自云先世避秦時亂，率妻子邑人來此絕境，不復出焉；遂與外人間隔。問今是何世，乃不知有漢，無論魏晉。此人一一為具言所聞，皆歎惋。餘人各復延至家，皆出酒食；停數日，辭去。此中人語云：「不足為外人道也。」

　　既出，得其船，便扶向路，處處誌之。及郡下，詣太守說如此。太守即遣人隨其往，尋向所誌，遂迷不復得路。

　　南陽劉子驥，高尚士也；聞之，欣欣規往。未果，尋病終。後遂無問津者。

　　嬴氏亂天紀，賢者避其世。黃綺之商山，伊人亦云逝；往跡寖復湮，來徑遂蕪廢。相命肆農耕，日入從所憩。桑竹垂餘蔭，菽稷隨時藝；春蠶收長絲，秋熟靡王稅。荒路曖交通，雞犬互鳴吠。俎豆猶古法，衣裳無新製。童孺縱行歌，斑白歡遊詣。草榮識節和，木衰知風厲；雖無紀曆誌，四時自成歲。怡然有餘樂，於何勞智慧！奇蹤隱五百，一朝敞神界。淳薄既異源，旋復還幽蔽。借問遊方士，焉測塵囂外！願言躡輕風，高舉尋吾契。

〈五柳先生傳〉：

　　先生不知何許人也，亦不詳其姓字，宅邊有五柳樹，因以為號焉。閑靜少言，不慕榮利。好讀書，不求甚解；每有會意，便欣然忘食。性嗜酒，家貧不能恆得；親舊知其如此，或置酒而招之。造飲輒盡，期在必醉。既醉而退，曾不吝情去留。環堵蕭然，不蔽風日；短褐穿結，簞瓢屢空；晏如也。常著文章自娛，頗示己志。忘懷得失，以此自終。

　　贊曰：黔婁之妻有言：「不戚戚於貧賤，不汲汲於富貴。」其言茲若人之儔乎？酣觴賦詩，以樂其志。無懷氏之民歟？葛天氏之民歟？

（二）

　　陶潛開啟的「閑適自然」之風，到了唐朝的王維與孟浩然兩人，更加綻放出奇姿異彩來，而形成了所謂的「田園詩派」。一方面，固由於兩人的心境較傾向於閑適自然，二方面，這兩人也都十分景仰陶潛的為人。再加上佛、道思想的影響，更使得王、孟兩人的作品，帶著幾分的「空靈之氣」。因此，鄭振鐸先生在其《中國文學發達史》中說：

　　「在唐代的浪漫詩歌中，有一些人專注力於自然山水的歌詠，鄉村生活的描寫；用疏淡的筆法，造成恬靜的詩風的，是王維代表的田園詩派。這一派人的人生觀與生活動態，雖是浪漫的，但同那些享樂縱慾的澈底浪漫主義者又大有不同。他們只是失意於現實的人世，或滿意於富貴功名以後，帶著閑適清靜生活的追求的慾望，避之於山林與田園，想在那裏找到一點心境上的慰安。不管他們是佛徒，或是道士，無論宗教的名義上有什麼分別，而其思想的根底，只是道家的自然主義和陶淵明那種逃出現實的樊籠的人生哲學。」

　　傳統讀書人的出處，大多都接受孔子「用之則行，舍之則藏」的思想指導。「用行」不必說，當然得發揚《禮記‧大學》的三綱領「明明德，親民，止於至善」；「舍藏」則要「進德修業，著書立說」，這是較為積極的作法；消極一點，就容易流於道家的「虛無」，甚或佛家的「空寂」。此所以鄭先生又說：

「他們並不反抗禮俗與規律，只寂寂地避開煩擾的現世，社會上一切的民生疾苦，戰影烽煙，都無法引起他們的注視與描寫，因為他們另有一個美麗的天地，一個極樂的世界，這天地與世界，便是偉大的自然現象與農夫樵子的田園生活。」

　　而王、孟兩人，正好就是帶著幾分這樣的情調。唯一的差別是王維乃光榮退休，他對於「富貴利達」的看開看淡是「純任自然」；孟浩然的看破看盡，則就有些「勉為其難」、有些「費力」。然而不管是費力不費力？他們終究是看清了宇宙事實的真相，境界還是相當不凡的。因此，王、孟兩人的作品，意境總是悠遠開擴，意味總是澹泊深長。

　　王維在〈輞川閑居贈裴秀才迪〉云：

「寒山轉蒼翠，秋水日潺湲。倚杖柴門外，臨風聽暮蟬。渡頭餘落日，墟里上孤煙。復值接輿醉，狂歌五柳前。」

　　孟浩然在〈仲夏歸南園寄京邑舊遊〉云：

「嘗讀高士傳，最嘉陶徵君，日躭田園趣，自謂羲皇人。」

　　從這兩首詩，便很能感受到王、孟兩人對於陶淵明的景仰，因此，他們的詩作會深深受到陶潛「閑適自然」之風的影響，也就不足為奇了。今謹錄其代表作數首如下，以見其風格之一斑：

〈山居秋暝〉　王維

「空山新雨後，天氣晚來秋。明月松間照，清泉石上流。竹喧歸浣女，蓮動下漁舟。隨意春芳歇，王孫自可留。」

〈送孟六歸襄陽〉　王維

「杜門不復出，久與世情疎。以此為長策，勸君歸舊廬。醉歌田舍酒，笑讀古人書。好是一生事，無勞献子虛。」

〈終南別業〉　王維

「中歲頗好道，晚家南山陲。興來每獨往，勝事空自知。行到水窮處，坐看雲起時。偶然值鄰叟，談笑無還期。」

〈鹿柴〉　王維

「空山不見人，但聞人語響。返景入深林，復照青苔上。」

〈竹裏館〉　王維

「獨坐幽篁裡，彈琴復長嘯。深林人不知，明月來相照。」

〈辛夷塢〉　王維

「木末芙蓉花，山中發紅萼。澗戶寂無人，紛紛開且落。」

　　綜觀上述這些詩作，王維所構築的畫面，完全是一片「清新自然」的風格情調；創作的手法也是「寫貌」的成分少，「寫意」的成分多，純是陶潛這一路的系統。

《老子》怎麼讀・怎麼讀《老子》

〈望洞庭湖贈張丞相〉　孟浩然

「八月湖水平，涵虛混太清。氣蒸雲夢澤，波撼岳陽城。欲濟無舟楫，端居恥聖明。坐觀垂釣者，徒有羨魚情。」

〈過故人莊〉　孟浩然

「故人具雞黍，邀我至田家。綠樹村邊合，青山郭外斜。開軒面場圃，把酒話桑麻。待到重陽日，還來就菊花。」

〈萬山潭作〉　孟浩然

「垂釣坐磐石，水清心亦閑。魚行潭樹下，猿掛島藤間。遊女昔解佩，傳聞於此山。求之不可得，沿月櫂歌還。」

〈與諸子登峴山作〉　孟浩然

「人事有代謝，往來成古今。江山留勝跡，我輩復登臨。水落魚梁淺，天寒夢澤深。羊公碑尚在，讀罷淚沾襟。」

〈歲暮歸南山〉　孟浩然

「北闕休上書，南山歸敝廬。不才明主棄，多病故人疏。白髮催年老，青陽逼歲除。永懷愁不寐，松月夜窗虛。」

〈宿建德江〉　孟浩然

「移舟泊煙渚，日暮客愁新。野曠天低樹，江清月近人。」

　　綜觀上述這些詩作，孟浩然所展現的風格情調，也是「自然高遠」、「意味深長」的為多；只是「仕途不達」的情懷，屢屢在

其作品中隱隱透出，這是孟浩然較為人所議論的地方。也因此，他在〈留別王維〉云：

> 「寂寂竟何待？朝朝空自歸。欲尋芳草去，惜與故人違。當路誰相假？知音世所稀。祇應守寂寞，還掩故園扉。」

希望落空之情，溢於言表。同樣是「掩柴扉」，孟浩然就大大不如王維〈送別〉：「山中相送罷，日暮掩柴扉。春草明年綠，王孫歸不歸？」來得自然淡遠。

不過，王維的自然之風，也並非無人批評，鄭振鐸先生就嫌他太過冷漠，例如〈送別〉：「下馬飲君酒，問君何所之？君言不得意，歸臥南山陲。但去莫復問，白雲無盡時。」王維所表現的人生態度，的確不免過於冷靜。其實，王維也不是無情，祇是他晚年的人生觀正好是「晚年惟好靜，萬事不關心」。因此，其作品才會對現實人生清一色的「有距離」。倒是王維的某些送別之作，仍然寫得意致纏綿，例如：

〈送元二使安西〉：

> 「渭城朝雨浥輕塵，客舍青青柳色新。勸君更進一杯酒，西出陽關無故人。」

〈送別〉：

> 「送君南浦淚如絲，君向東州使我悲。為報故人顦顇盡，如今不似洛陽時。」

〈送沈子歸江東〉：

「楊柳渡頭行客稀，罟師蕩槳向臨圻。唯有相思似春色，江南江北送君歸。」

不但，王維的送別之作，情意緜緜，孟浩然的送別之作，其情感鼓盪之處，較之王維，也不遑多讓。例如：

〈送朱大入秦〉：

「遊人五陵去，寶劍直千金。分手脫相贈，平生一片心。」

〈送杜十四之江南〉：

「荊吳相接水為鄉，君去春江正淼茫。日暮孤帆泊何處？天涯一望斷人腸。」

〈渡浙江問舟中人〉：

「潮落江平未有風，扁舟共濟與君同。時時引領望天末，何處青山是越中？」

總而言之，王、孟兩人也如同陶潛一般，均非純粹的道家人物，但是，道家思想的光彩卻經常能照耀到他們的心靈，而使得他們的文學作品呈現出一種「閑適自然」的風格情調。

（三）

陶潛一系「寄情山水田園」的自然恬靜之風，發展到了宋代的蘇軾與辛棄疾兩人，表現得更加輝煌燦爛。一則，固由於蘇、辛兩人學養深厚、才華洋溢；二則，兩人的胸襟見識汪洋恣肆，

也確實非一般人所能望其項背。因此，在他們豁達豪邁的作品之中，偶而還能透露出清新自然的風情，當然就更顯得難能可貴了。蘇轍在〈東坡先生墓誌銘〉中說：

「公之於文，得之於天。少與轍皆師先君，初好賈誼、陸贄書，論古今治亂，不為空言。既而讀莊子，喟然嘆息曰：『吾昔有見於中，口未能言。今見莊子，得吾心矣。』」

「既而謫居於黃，杜門深居，馳騁翰墨，其文一變，如川之方至，而轍瞠然不能及矣。後讀釋氏書，深悟實相，參之孔、老，博辯無礙，浩然不見其涯也。」

「公詩本似李、杜，晚喜陶淵明，追和之者幾遍，凡四卷。」

另蘇軾在〈沁園春‧赴密州，早行，馬上寄子由〉中云：

「當時共客長安，似二陸初來俱少年。有筆頭千字，胸中萬卷，致君堯舜，此事何難？用舍由時，行藏在我，袖手何妨閒處看。身長健，但優游卒歲，且鬥尊前。」

又在〈江城子‧密州出獵〉中云：

「老夫聊發少年狂。左牽黃。右擎蒼。錦帽貂裘千騎卷平岡。為報傾城隨太守。親射虎。看孫郎。
酒酣胸膽尚開張。鬢微霜。又何妨。持節雲中何日遣馮唐。會挽雕弓如滿月。西北望。射天狼。」

足見蘇軾在年輕時，儒家用世之志是相當明顯的，而且文治、武功兩途，均胸懷理想，不避一展所長。中年歷練之後，進

銳之心稍挫，在莊子與釋家思想的影響下，逐漸能安靜自持，以待物之來。其向宋神宗進言：

> 「臣竊意陛下求治太急，聽言太廣，進人太銳，願陛下安靜以待物之來，然後應之。」

不難想像蘇軾對於「老莊道家」、「黃老之術」，是有相當程度的了解。然而，蘇軾的佛、道思想，到底還是脫離不了儒家的籠罩。其在〈水調歌頭・丙辰中秋，歡飲達旦，大醉，作此篇，兼懷子由〉中云：

> 「明月幾時有，把酒問青天。不知天上宮闕，今夕是何年。我欲乘風歸去，惟恐瓊樓玉宇，高處不勝寒。起舞弄清影，何似在人間。
> 轉朱閣，低綺戶，照無眠。不應有恨，何事長向別時圓。人有悲歡離合，月有陰晴圓缺，此事古難全。但願人長久，千里共嬋娟。　」

似乎蘇軾的人生觀，在「超塵」與「現實」的兩端，仍然時相拉扯。就算最終是遺落人間，他總能以「達觀」的態度來面對人生的一切。

而曠達固是曠達，那究竟只是一種涵養、一種見解而已；蘇軾的本性實在是太熱情了，因此沉鬱之感，時時會在其作品中隱隱透出。他在〈永遇樂・彭城夜宿燕子樓，夢盼盼，因作此詞〉中云：

> 「明月如霜，好風如水，清景無限。曲港跳魚，圓荷瀉露，
> 寂寞無人見。紞如三鼓，鏗然一葉，黯黯夢雲驚斷。夜茫
> 茫，重尋無處，覺來小園行遍。
> 天涯倦客，山中歸路，望斷故園心眼。燕子樓空，佳人何
> 在，空鎖樓中燕。古今如夢，何曾夢覺，但有舊歡新怨。異
> 時對黃樓夜景，為余浩歎。」

　　上片寫景清空流暢，下片寫情沉鬱黏著。理論思維上的超
脫，蘇軾完全做得到；但是現實情感上的超脫，對於多情的人而
言，那是相當不容易的事。所以，蘇軾終究只是個「文人」！不
過，即使只是個文人，其境界之高，也不是一般人所能想望的。
他在〈定風波・三月七日，沙湖道中遇雨，雨具先去，同行皆狼
狽，余獨不覺，已而遂晴，故作此〉中云：

> 「莫聽穿林打葉聲，何妨吟嘯且徐行。竹杖芒鞋輕勝馬，誰
> 怕？一蓑煙雨任平生。
> 料峭春風吹酒醒，微冷，山頭斜照卻相迎。回首向來蕭瑟
> 處，歸去，也無風雨也無晴。」

　　風雨之景以喻人生之路，以曲筆直寫胸臆，是相當高明的表
現手法。而「也無風雨也無晴」，也可算是現實人生中的最高境
界。今謹略錄其代表作如下，以見其風格情調之一斑：
　　〈西江月・黃州中秋〉：

> 「世事一場大夢，人生幾度新涼。夜來風葉已鳴廊，看取眉
> 頭鬢上。

「酒賤常愁客少，月明多被雲妨。中秋誰與共孤光？把琖淒然北望。」

〈念奴嬌・赤壁懷古〉：

「大江東去，浪淘盡千古風流人物。故壘西邊，人道是三國周郎赤壁。亂石崩雲，驚濤裂岸，捲起千堆雪。江山如畫，一時多少豪傑。
遙想公瑾當年，小喬初嫁了，雄姿英發。羽扇綸巾，談笑間，強虜灰飛煙滅。故國神遊，多情應笑我，早生華髮。人間如夢，一樽還酹江月。」

〈南鄉子・重九，含輝樓呈徐君猷〉：

「霜降水痕收。淺碧鱗鱗露遠洲。酒力漸消風力輭，颼颼。破帽多情卻戀頭。
佳節若為酬。但把清尊斷送秋。萬事到頭都是夢，休休。明日黃花蝶也愁。」

〈臨江仙・夜歸臨皋〉：

「夜飲東坡醒復醉，歸來髣髴三更。家童鼻息已雷鳴。敲門都不應，倚杖聽江聲。
長恨此身非我有，何時忘卻營營。夜闌風靜縠紋平。小舟從此逝，江海寄餘生。」

〈卜算子‧黃州定慧院寓居作〉：

「缺月挂疏桐，漏斷人初靜。誰見幽人獨往來，縹緲孤鴻影。

驚起卻回頭，有恨無人省。揀盡寒枝不肯棲，寂寞沙洲冷。」

〈滿庭芳‧元豐七年四月一日，余將去黃移汝，留別雪堂鄰里二三君子，會李仲覽自江東來別，遂書以遺之〉：

「歸去來兮，吾歸何處？萬里家在岷峨。百年強半，來日苦無多。坐見黃州再閏，兒童盡楚語吳歌。山中友，雞豚社酒，相勸老東坡。

云何，當此去，人生底事，來往如梭。待閒看秋風，洛水清波。好在堂前細柳，應念我莫翦柔柯。仍傳語，江南父老，時與曬漁蓑。」

〈八聲甘州‧寄參寥子〉：

「有情風、萬里卷潮來，無情送潮歸。問錢塘江上，西興浦口，幾度斜暉。不用思量今古，俯仰昔人非。誰似東坡老，白首忘機。

記取西湖西畔正春山好處，空翠煙霏。算詩人相得，如我與君稀。約他年東還海道，願謝公雅志莫相違。西州路，不應回首，為我沾衣。」

《老子》怎麼讀‧怎麼讀《老子》

〈行香子・病起小集〉：

> 「昨夜霜風。先入梧桐。渾無處、回避衰容。問公何事，不語書空。但一回醉，一回病，一回慵。
> 朝來庭下，飛英如霰，似無言、有意催儂。都將萬事，付與千鍾。任酒花白，眼花亂，燭花紅。」

　　蘇軾如此，辛棄疾亦然，兩人均是傳統的文人。「才為世用」本是讀書人的天職，不論文治或武功，只要能有一展長才的機會，他們是不會輕易放過的。可是，一旦「機緣不遇」，辛棄疾也頗能自我解嘲，其在〈踏莎行・賦稼軒，集經句〉：中云：

> 「進退存亡，行藏用舍。小人請學樊須稼。衡門之下可棲遲，日之夕矣牛羊下。
> 去衛靈公，遭桓司馬。東西南北之人也。長沮桀溺耦而耕，丘何為是栖栖者。」

　　此乃辛棄疾自比孔子「才不為世用」的最佳代表作。
　　在辛棄疾南渡之後，他幾乎都是有志難伸，因此，失望之餘，他的想法就漸漸有些消極，例如：
　　〈西江月・江行采石岸，戲作漁夫調〉：

> 「白鷗來往本無心，選甚風波一任。」
> 「千年往事已沉沉，閒管興亡則甚？」

　　〈瑞鶴仙・南劍雙溪樓〉：

> 「嘆息。山林鍾鼎，意倦情邊，本無欣戚。轉頭陳迹。」

〈西江月‧示兒曹，以家事付之〉：

「萬事雲煙忽過，百年蒲柳先衰。而今何事最相宜？宜醉宜遊宜睡。

早趁催科了納，更量出入收支。乃翁依舊管些兒，管竹管山管水。」

不難看出辛棄疾之詞，悟道的成分少，牢騷的成分多。就算回歸閑適自然，也不盡然是真切的領悟，而是壯志難酬之後，不得不然的灑脫。

自然風物接觸久了，對於人心的影響，豈能言淺？觀辛棄疾在〈水調歌頭‧盟鷗〉中云：

「帶湖吾甚愛，千丈翠奩開。先生杖履無事，一日走千回。凡我同盟鷗鷺，今日既盟之後，來往莫相猜。白鶴在何處，嘗試與偕來。

破青萍，排翠藻，立蒼苔。窺魚笑汝痴計，不解舉吾杯。廢沼荒丘疇昔，明月清風此夜，人世幾歡哀。東岸綠蔭少，楊柳更須栽。」

〈念奴嬌‧賦雨巖，效朱希真體〉：

「此心閑處，未應長藉丘壑。」

〈清平樂‧檢校山園，書所見〉：

「連雲松竹，萬事從今足。」
「莫遣旁人驚去，老夫靜處閑看。」

　　能放下利害關係，一切便只剩下趣味。蘇、辛兩人的閑適自然，蘇較傾向於「飄逸曠達」，辛則傾向於「雄奇高潔」。觀其「此心閑處，未應長藉丘壑」，用心處與陶潛的「結廬在人境，而無車馬喧。問君何能爾？心遠地自偏。」幾乎沒有什麼不同。畢竟，陶潛本就是辛棄疾心目中的理想人物，所以，其在〈最高樓・吾擬乞歸，犬子以田產未置止我，賦此罵之〉中云：

> 「暫忘設醴抽身去，未曾得米棄官歸。穆先生，陶縣令，是吾師。」

　　〈賀新郎・題傅巖叟悠然閣〉：

> 「到君家悠然細說，淵明重九。歲晚淒其無諸葛，惟有黃花入手。」

　　〈念奴嬌・重九席上〉：

> 「須信采菊東籬，高情千載，只有陶彭澤。」

　　〈玉蝴蝶・叔高書來戒酒，用韻〉：

> 「往日曾論，淵明似勝臥龍些。」

　　生活上回歸自然，心境上便容易傾向於佛、道思想，所以，辛棄疾在〈蝶戀花〉中云：

> 「洗盡機心隨法喜。看取尊前，秋思如春意。誰與先生寬髮齒。醉時惟有歌而已。」

歲月何須溪上記。千古黃花，自有淵明比。高臥石龍呼不起。微風不動天如醉。」

〈水調歌頭・題永豐楊少游提點一枝堂〉：

「萬事幾時足，日月自西東。無窮宇宙，人是一粟太倉中。一葛一裘經歲，一鉢一瓶終日，老子舊家風。更着一杯酒，夢覺大槐宮。

記當年，嚇腐鼠，嘆冥鴻。衣冠神武門外，驚倒幾兒童。休說須彌芥子，看取鵾鵬斥鷃，小大若為同。君欲論齊物，須訪一枝翁。」

〈卜算子・飲酒成病〉：

「一箇去學仙，一箇去學佛。仙飲千杯醉似泥，皮骨如金石。不飲便康強，佛壽須千百。八十餘年入涅槃，且進杯中物。」

〈卜算子・用莊語〉：

「一以我為牛，一以我為馬。人與之名受不辭，善學莊周者。江海任虛舟，風雨從飄瓦。醉者乘車墜不傷，全得於天也。」

〈菩薩蠻・趙晉臣席上。時張菩提葉燈，趙茂嘉扶病携歌者〉：

「看燈元是菩提葉，依然會說菩提法。法似一燈明，須臾千萬燈。

燈邊花更滿，誰把空花散。說與病維摩：而今天女歌。」

　　從上述這些實例，可以看出辛棄疾引用佛、道之言，仍然是「掉書袋」的成分多，而「樂逍遙」、「得自在」的成分少。主要還是因為辛棄疾本質上「不仙不佛」，惟藉飲酒澆愁，蓋「才為世用」纔是他心中真正的理想價值。而好「閑適自然」，也只是「才不為世用」之後不得已的歸宿，並不是真正契合莊、老道家的「清靜無為」。

　　然而，就算是辛棄疾的道家思想並非那樣的純粹，而這一點點的光景，便足以讓其作品意味深長、永垂不朽了。其〈西江月·夜行黃沙道中〉：

「明月別枝驚鵲，清風半夜鳴蟬。稻花香裏說豐年，聽取蛙聲一片。
七八箇星天外，兩三點雨山前。舊時茆店社林邊，路轉溪橋忽見。」

　　詞中意境清新率真，可算是其「閑適自然」之風的最佳代表作。而除了此一風格之外，其豪邁沉鬱之作，辛棄疾也表現得至為精彩，今謹略錄數首如下，以見其風致情調之一斑：

　　〈水龍吟·登建康賞心亭〉：

「楚天千里清秋，水隨天去秋無際。遙岑遠目，獻愁供恨，玉簪螺髻。落日樓頭，斷鴻聲裏，江南遊子。把吳鉤看了，欄干拍徧，無人會，登臨意。
休說鱸魚堪膾，儘西風、季鷹歸未？求田問舍，怕應羞見，劉郎才氣。可惜流年，憂愁風雨，樹猶如此！倩何人、喚取，紅巾翠袖，搵英雄淚？」

〈菩薩蠻・書江西造口壁〉：

「鬱孤臺下清江水，中間多少行人淚？西北望長安，可憐無數山。

青山遮不住，畢竟東流去。江晚正愁余，山深聞鷓鴣。」

〈摸魚兒・淳熙己亥，自湖北漕移湖南，同官王正之置酒小山亭，為賦〉：

「更能消、幾番風雨。匆匆春又歸去。惜春長怕花開早，何況落紅無數。春且住。見說道、天涯芳草無歸路。怨春不語。算只有殷勤，畫簷蛛網，盡日惹飛絮。

長門事，準擬佳期又誤。蛾眉曾有人妒。千金縱買相如賦，脈脈此情誰訴？君莫舞。君不見、玉環飛燕皆塵土！閒愁最苦。休去倚危欄，斜陽正在，煙柳斷腸處。」

〈祝英臺近・晚春〉：

「寶釵分，桃葉渡。煙柳暗南浦。怕上層樓，十日九風雨。斷腸片片飛紅，都無人管；更誰勸、啼鶯聲住。

鬢邊覷。試把花卜歸期，才簪又重數。羅帳燈昏，哽咽夢中語：是他春帶愁來，春歸何處。卻不解、帶將愁去。」

〈青玉案・元夕〉：

「東風夜放花千樹，更吹落、星如雨。寶馬雕車香滿路。鳳簫聲動，玉壺光轉，一夜魚龍舞。

「蛾兒雪柳黃金縷，笑語盈盈暗香去。眾裏尋他千百度，驀然
迴首，那人却在，燈火闌珊處。」

〈沁園春·戊申歲，奏邸忽騰報謂余以病挂官，因賦此〉：

「老子平生，笑盡人間，兒女怨恩。況白頭能幾，定應獨往；
青雲得意，見說長存。抖擻衣冠，憐渠無恙，合挂當年神武
門。都如夢；算能爭幾許，雞曉鐘昏。
此心無有親冤。況抱甕、年來自灌園。但淒涼顧影，頻悲往
事，慇懃對佛，欲問前因。却怕青山，也妨賢路，休闌尊前
見在身。山中友，試高吟楚些，重與招魂。」

〈破陣子·為陳同甫賦壯詞以寄之〉：

「醉裏挑燈看劍，夢回吹角連營。八百里分麾下炙，五十弦
翻塞外聲。沙場秋點兵。
馬作的盧飛快，弓如霹靂弦驚。了却君王天下事，贏得生前
身後名。可憐白髮生！」

〈賀新郎·別茂嘉十二弟〉：

「綠樹聽鵜鴃，更那堪、鷓鴣聲住，杜鵑聲切。啼到春歸無
尋處，苦恨芳菲都歇。算未抵、人間離別。馬上琵琶關塞
黑。更長門翠輦辭金闕。看燕燕，送歸妾。
將軍百戰身名裂。向河梁回頭萬里，故人長絕。易水蕭蕭西
風冷，滿座衣冠似雪。正壯士、悲歌未徹。啼鳥還知如許
恨，料不啼清淚長啼血。誰共我，醉明月？」

〈永遇樂・京口北固亭懷古〉：

「千古江山，英雄無覓，孫仲謀處。舞榭歌臺，風流總被，雨打風吹去。斜陽草樹，尋常巷陌，人道寄奴曾住。想當年：金戈鐵馬，氣吞萬里如虎。

元嘉草草，封狼居胥，贏得倉皇北顧。四十三年，望中猶記，烽火揚州路。可堪回首，佛狸祠下，一片神鴉社鼓。憑誰問：廉頗老矣，尚能飯否。」

〈南鄉子・登京口北固亭有懷〉：

「何處望神州。滿眼風光北固樓。千古興亡多少事，悠悠，不盡長江滾滾流。

年少萬兜鍪。坐斷東南戰未休。天下英雄誰敵手？曹劉。生子當如孫仲謀。」

從先秦諸子論「水」的多元象徵

第一章　引言

　　先秦諸子論道時，常喜歡以具體的物象來形容道體。其中，最淺顯易懂的，就是以「道路」來形容「道體」，例如：

> 　　「夫道，若大路然，豈難知哉？人病不求耳。子歸而求之，有餘師。」《孟子・告子下》
>
> 　　「誰能出不由戶？何莫由斯道也！」《論語・雍也》
>
> 　　「欲見賢人而不以其道，猶欲其入而閉之門也。夫義，路也；禮，門也。惟君子能由是路，出入是門也。詩云：『周道如底，其直如矢；君子所履，小人所視。』」《孟子・萬章下》

　　這樣的形容，雖然具體而明確，惟於道體的多元性與變動性，卻未能有所彰顯。因此，真正能贏得諸子青睞，而成為道的最佳表徵者，就莫過於「水」了。例如：

> 　　「上善若水。水善利萬物而不爭，處眾人之所惡，故幾於道。」《老子・第8章》（戊類第1則）
>
> 　　「天下莫柔弱於水，而攻堅強者莫之能勝，其無以易之。」《老子・第78章》（戊類第2則）
>
> 　　「原泉混混，不舍晝夜，盈科而後進，放乎四海。有

本者如是，是之取爾。」《孟子・離婁下》（戊類第 5 則）

「觀水有術，必觀其瀾；日月有明，容光必照焉。流水之為物也，不盈科不行；君子之志於道也，不成章不達。」《孟子・盡心上》（戊類第 8 則）

「道譬諸若水。溺者多飲之即死，渴者適飲之即生。」《韓非子・解老》（戊類第 16 則）

「故積土而為山，積水而為海。」《荀子・儒效》（甲類第 1 則）

「夫水，徧與諸生而無為也，似德；其流也，埤下裾拘，必循其理，似義；其洸洸乎不淈盡，似道；若有決行之，其應佚若聲響，其赴百仞之谷不懼，似勇；主量必平，似法；盈不求概，似正；綽約微達，似察；以出以入，以就鮮絜，似善化；其萬折也必東，似志。是故君子見大水必觀焉。」《荀子・宥坐》（戊類第 14 則）

各家所論，取材雖同樣是水，取意卻時或不同。有視之為純粹物象而藉以論說事理者，亦即「水」並未具有任何「道」的象徵意義（這種情形，為數較少）；或視水為宇宙萬物存在的重要依據，而推演出金、木、水、火、土五行相生相剋的道理者（陰陽家鄒衍的五德終始說可為代表）；亦有以類比、譬喻的手法而藉水論道者（法家韓非子是箇中的翹楚）；而真正能將水的多元特性，表現得淋漓盡致的，恐怕就非儒、道兩家莫屬了。今謹將先秦諸子有關水的論述部分，擇其要者，論列於後。

第二章　先秦諸子有關「水」的論述

為了比較分析上的方便，本章將依五類來引述各家所論：

（一）甲類（象徵不顯）：其所論事理，非關水也，於水的
　　　特性，無所取裁。

（二）乙類（生存元素）：視水為宇宙萬物存在的重要元素
　　　或是人類生存的重要依據。

（三）丙類（險難象徵）：視水為危險或困難的象徵，對於
　　　人類的生命，有直接的衝擊。

（四）丁類（單一特性）：取水的某種特性與其他事物的特
　　　性相對比，以論說事理。

（五）戊類（多元特性）：就水的形貌變化與特質呈顯，來
　　　論述道亦具有與水相同的多元特性。

（一）甲類（象徵不顯）

1.「故積土而為山，積水而為海。」《荀子・儒效》

2.「水火有氣而無生，草木有生而無知，禽獸有知而無義，
　　人有氣有生有知，亦且有義，故最為天下貴也。」《荀子・
　　王制》

3.「吞舟之魚，不游枝流；鴻鵠高飛，不集污池。」《列子・
　　楊朱》

4.「楚人有涉江者，其劍自舟中墜於水，遽契其舟，曰：『是
　　吾劍之所從墜。』舟止，從其所契者入水求之。舟已行矣，
　　而劍不行，求劍若此，不亦惑乎？」《呂氏春秋・察今》

5. 趙且伐燕，蘇代為燕謂惠王曰：「今者臣來過易水，蚌方出曝而鷸啄其肉，蚌合而拑其喙，鷸曰：『今日不雨，明日不雨，即有死蚌。』蚌亦謂鷸曰：『今日不出，明日不出，即有死鷸。』兩者不肯相舍，漁者得而並禽之。今趙且伐燕，燕、趙久相支，以弊大眾，臣恐強秦之為漁夫也，故願王之熟計之也！」《戰國策‧卷下‧燕》

6. 「山林雖廣，草木雖美，禁發必有時；國雖充盈，金玉雖多，宮室必有度；江海雖廣，池澤雖博，魚鱉雖多，罔罟必有正。」《管子‧八觀》

（二）乙類（生存元素）

1. 「民之於仁也，甚於水火。水火，吾見蹈而死者矣，未見蹈仁而死者也。」《論語‧衛靈公》

2. 「民非水火不生活，昏暮叩人之門戶，求水火，無弗與者，至足矣。聖人治天下，使有菽粟如水火；菽粟如水火，而民焉有不仁者乎！」《孟子‧盡心上》

3. 「凡立國都，非於大山之下，必於廣川之上。高毋近旱，而水用足；下毋近水，而溝防省。」《管子‧乘馬》

4. 「故苞物眾者，莫大於天地；化物多者，莫多於日月；民之所急，莫急於水火。」《管子‧白心》

5. 「今其中有五德終始，五德各以所勝為行。秦謂周為火德，滅火者水，故自謂水德。」《史記‧封禪書集解引如淳之言》

6. 「五德之次，從所不勝。故虞土，夏木，殷金，周火。」《淮南子‧齊俗訓高注引鄒子之言》

（三）丙類（險難象徵）

1. 「故雖上世之聖王，豈能使五穀雜糧常收而旱水不至哉？
   然而無凍餓之民者，何也？其力時急而自養儉也。」《墨
   子・七患》

2. 「天下之百姓，皆以水火毒藥相虧害。至有餘力，不能以
   相勞；腐朽餘財，不以相分，隱匿良道，不以相教。天下
   之亂，若禽獸然。」《墨子・尚同上》

3. 「以萬乘之國，伐萬乘之國，簞食壺漿以迎王師，豈有他
   哉？避水火也。如水益深，如火益熱，亦運而已矣。」《孟
   子・梁惠王下》

4. 「今燕虐其民，王往而征之，民以為將拯己於水火之中
   也，簞食壺漿以迎王師；若殺其父兄，係累其子弟，毀其
   宗廟，遷其重器，如之何其可也？」《孟子・梁惠王下》

5. 「當堯之時，水逆行，氾濫於中國，蛇龍居之。民無所
   定，下者為巢，上者為營窟。書曰：『洚水警余。』洚水
   者，洪水也，使禹治之。禹掘地而注之海，驅蛇龍而放之
   菹。水由地中行，江、淮、河、漢是也。險阻既遠，鳥獸
   之害人者消，然後人得平土而居之。」《孟子・滕文公
   下》

6. 「孔子自衛反魯，息駕乎河梁而觀焉。有懸水三十仞，圜
   流九十里。魚鱉弗能游，黿鼉弗能居。有一丈夫方將厲
   之。……孔子謂弟子曰：『二三子識之。水且猶可以忠信誠
   身親之，而況人乎？』」《列子・說符》

7. 「行水者表深，表不明則陷；治民者表道，表不明則亂。

禮者，表也。非禮，昏世也；昏世，大亂也。」《荀子・天論》

8.「昔陶唐氏之始，陰多，滯伏而湛積，水道壅塞。不行其原，民氣鬱閼而滯著，筋骨瑟縮不達，故作為舞以宣導之。」《呂氏春秋・古樂》

9.「荊人欲襲宋，使人先表澭水。澭水暴益，荊人弗知，徇表而夜涉，溺死者千有餘人，軍驚而壞都舍。」《呂氏春秋・察今》

10.「昔上古龍門未開，呂梁未發，河出孟門，大溢逆流，無有丘陵沃衍、平原高阜，盡皆滅之，名曰『鴻水』。禹於是疏河決江，為彭蠡之障，乾東土，所活者千八百國，此禹之功也。」《呂氏春秋・愛類》

11.秦正告魏曰：「決榮陽之口，魏無大梁；決白馬之口，魏無濟陽；決宿胥之口，魏無虛、頓丘。陸攻則擊河內，水攻則滅大梁。」《戰國策卷下・燕》

12.「決水潦，通溝瀆，修障防，安水藏，使時水雖過度，無害于五穀。歲雖凶旱，有所衍穫，司空之事也。」《管子・立政》

13.「故善游者，死于梁池；善射者，死于中野。」《管子・樞言》

（四）丁類（單一特性）

1.「知者樂水，仁者樂山。知者動，仁者靜。知者樂，仁者壽。」《論語・雍也》

2.「子在川上，曰：『逝者如斯夫！不舍晝夜。』」《論語・子

罕》

3.「民歸之，由水之就下，沛然誰能禦之？」《孟子・梁惠王上》

4.「凡有四端於我者，知皆擴而充之矣，若火之始然，泉之始達。苟能充之，足以保四海；苟不充之，不足以事父母。」《孟子・公孫丑上》

5.「所惡於智者，為其鑿也。如智者若禹之行水也，則無惡於智矣。禹之行水也，行其所無事也。如智者亦行其所無事，則智亦大矣。」《孟子・離婁下》

6.「仁之勝不仁也，猶水勝火。今之為仁者，猶以一杯水救一車薪之火也；不熄，則謂之水不勝火。此又與於不仁之甚者也，亦終必亡而已矣！」《孟子・告子上》

7.「舜之居深山之中，與木石居，與鹿豕游，其所以異於深山之野人者，幾希；及其聞一善言，見一善行，若決江河，沛然莫之能禦也。」《孟子・盡心上》

8.「且夫水之積也不厚，則其負大舟也無力。」《莊子・逍遙遊》

9.「仲尼曰：『人莫鑑於流水，而鑑於止水。』」《莊子・德充符》

10.「（仲尼）曰：『平者，水停之盛也，其可以為法也，內保之而外不蕩也。』」《莊子・德充符》

11.「君子曰：『冰，水為之，而寒於水。』」《荀子・勸學》

12.「川淵深而魚鱉歸之，山林茂而禽獸歸之，刑政平而百姓歸之，禮義備而君子歸之。」《荀子・致士》

13.「在天者莫明於日月，在地者莫明於水火，在物者莫明於

珠玉，在仁者莫明於禮義。故日月不高，則光暉不赫；水火不積，則暉潤不博；珠玉不睹乎外，則王公不以為寶；禮義不加於國家，則功名不白。」《荀子・天論》

14.「今夫水，一勺之多，及其不測，黿鼉蛟龍魚鱉生焉，貨財殖焉。」《中庸・第 27 章》

15.「夫水之性清，土者抇（攪）之，故不得清。人之性壽，物者抇之，故不得壽。」《呂氏春秋・本生》

16.「夫物各有疇，今髡，賢者之疇也。王求士於髡，譬若挹水於河而取火於燧也。髡將復見之，豈特七士也？」《戰國策・卷上・齊》

17.「下令於流水之原者，令順民心也。」《管子・牧民》

18.「治人如治水潦，養人如養六畜，用人如用草木。」《管子・七法》

19.「夫水，波而上，盡其搖而復下，其勢固然者也。」《管子・君臣下》

20.「民之去就，如火之於燥濕，水之於高下。」《管子・禁藏》

（五）戊類（多元特性）

1.「上善若水。水善利萬物而不爭，處眾人之所惡，故幾於道。」《老子・第 8 章》

2.「天下莫柔弱於水，而攻堅強者莫之能勝，以其無以易之。」《老子・第 78 章》

3.「江海所以能為百谷王者，以其善下之，故能為百谷王。」《老子・第 66 章》

4.「有孺子歌曰：『滄浪之水清兮，可以濯吾纓；滄浪之水濁兮，可以濯吾足。』孔子曰：『小子聽之，清斯濯纓，濁斯濯足矣。自取之也。』夫人必自侮，然後人侮之；家必自毀，而後人毀之；國必自伐，而後人伐之。」《孟子‧離婁上》

5.「徐子曰：『仲尼亟稱於水曰——水哉！水哉！——何取於水也？』

孟子曰：『原泉混混，不舍晝夜，盈科而後進，放乎四海。有本者如是，是之取爾。苟為無本，七八月之閒（間）雨集，溝澮皆盈；其涸也，可立而待也。故聲聞過情，君子恥之。』」《孟子‧離婁下》

6.「告子曰：『性，猶湍水也；決諸東方則東流，決諸西方則西流。人性之無分於善不善也，猶水之無分於東西也。』

孟子曰：『水信無分於東西，無分於上下乎？人性之善也，猶水之就下也；人無有不善，水無有不下。今夫水，搏而躍之，可使過顙；激而行之，可使在山；是豈水之性哉？其勢則然也。人之可使為不善，其性亦猶是也。』」《孟子‧告子上》

7.「白圭曰：『丹之治水也，愈於禹。』

孟子曰：『子過矣！禹之治水，水之道也，是故禹以四海為壑，今吾子以鄰國為壑。水逆行，謂之洚水——洚水者，洪水也——仁人之所惡也。吾子過矣！』」《孟子‧告子下》

8.「孔子登東山而小魯，登泰山而小天下。故觀於海者難為水，遊於聖人之門者難為言。觀水有術，必觀其瀾；日月

有明，容光必照焉。流水之為物也，不盈科不行；君子之志於道也，不成章不達。」《孟子・盡心上》

9.「秋水時至，百川灌河，涇流之大，兩涘渚崖之間，不辯牛馬。於是焉河伯欣然自喜，以天下之美為盡在己。順流而東行，至於北海，東面而視，不見水端。於是焉河伯始旋其面目，望洋向若而嘆曰：『野語有之曰：「聞到百，以為莫己若者。」我之謂也。且夫我嘗聞少仲尼之聞，而輕伯夷之義者，始吾弗信，今我睹子之難窮也，吾非至於子之門，則殆矣，吾長見笑於大方之家。』

北海若曰：『井鼃（蛙）不可以語於海者，拘於虛也；夏蟲不可以語於冰者，篤於時也；曲士不可以語於道者，束於教也。今爾出於崖涘，觀於大海，乃知爾醜，爾將可與語大理矣。』」《莊子・秋水》

10.「君者，民之原也。原清則流清，原濁則流濁。」《荀子・君道》

11.「君者，槃也，槃圓而水圓；君者，盂也，盂方而水方。」《荀子・君道》

12.「故人心譬如槃水，正錯而勿動，則湛濁在下，而清明在上，則足以見鬚眉而察理矣。微風過之，湛濁動乎下，清明亂於上，則不可以得大形之正也。」《荀子・解蔽》

13.「水動而景搖，人不以定美惡，水勢玄也。」《荀子・解蔽》

14.「孔子觀於東流之水，子貢問於孔子曰：『君子之所以見大水必觀焉者，是何？』

孔子曰：『夫水，徧與諸生而無為也，似德；其流也，埤下

裾拘，必循其理，似義；其洸洸乎不淈盡，似道；若有決
行之，其應佚若聲響，其赴百仞之谷不懼，似勇；主量必
平，似法；盈不求概，似正；綽約微達，似察；以出以
入，以就鮮絜，似善化；其萬折也必東，似志。是故君子
見大水必觀焉。』」《荀子・宥坐》

15.「今夫水之勝火亦明矣，然而釜鬵閒之，水煎沸竭盡其
　　上，而火得熾盛焚其下，水失其所以勝者矣。」《韓非子・
　　備內》

16.「道譬諸若水。溺者多飲之即死，渴者適飲之即生。」《韓
　　非子・解老》

17.「假人於越而救溺子，越人雖善游，子必不生矣。失火而
　　取水於海，海水雖多，火必不滅矣，遠水不救近火也。」
　　《韓非子・說林上》

18.「子產謂游吉曰：『夫火形嚴，故人鮮灼；水形懦，故人
　　多溺。』」《韓非子・內儲說上》

19.「夫三群之蟲，水居者腥，肉玃者臊，草食者羶。臭惡猶
　　美，皆有所以。凡味之本，水最為始。五味三材，九沸九
　　變，火為之紀。時疾時徐，滅腥去臊除羶，必以其勝，無
　　失其理。」《呂氏春秋・本味》

20.「君不聞大魚乎？網不能止，鉤不能牽，蕩而失水，則螻
　　蟻得意焉。今夫齊，亦君之水也。君長有齊，奚以薛
　　為！」《戰國策・卷上・齊》

21.「乘舟舟漏而弗塞，則舟沉矣；塞漏舟而輕陽侯之波，則
　　舟覆矣。今公日以辯於薛公而輕秦，是塞漏舟而輕陽侯之
　　波也，願公之察也！」《戰國策・卷下・韓》

22.「山高而不崩，則祈羊至矣；淵深而不涸，則沉玉極矣。天不變其常，地不易其則，春秋冬夏，不更其節，古今一也。蛟龍得水，而神可立也；虎豹得幽，而威可載也。風雨無鄉，而怨怒不及也。」《管子·形勢》

23.案：《管子·水地》，全篇詳論水性影響民性，水清則民廉，水濁則民貪，水急則民好勇，水弱則民好逸，而愚智賢不肖，皆由水性影響之也。今以篇幅過長，茲從略。

24.案：《管子·度地》，論治水之道，旨在說明水治而國安。其中亦嘗論及水之性。今以篇幅過長，亦從略。

第三章　諸子眼中「水」的多元形象

根據上章的引述，我們可以清楚地歸納出下列幾項重點：

（一）在先秦諸子的典籍中，藉水以論理，而水卻又不具任何象徵意義，這種情況是非常少見的。如「吞舟之魚，不游枝流；鴻鵠高飛，不集污池。」以及「刻舟求劍」、「鷸蚌相爭」，因其所論之旨，並不在水，故於水的具體形象或特性，均無所取寓。

（二）名家與墨辯的思想，純以邏輯思辯為主，而偏好抽象地說理，因此，不大借助於具體的物象以論道，這一點，與先民的傳統思路是不大相同的，而水在他們的典籍中，也就不太出現了。

（三）在先秦諸子眼中，水的具體形象是蠻多元的，其一是形貌的變化多端，其二是性質的豐富多樣。此所以孟子有「觀水有術，必觀其瀾」之嘆。而莊子秋水，幾

乎全篇盡是借河海以寓言、藉水以論道。

（四）先秦諸子取水之單一特性以論事說理，往往是為了在
　　　特定條件下論理的方便，並非在他的眼中，水只具有
　　　一種特性。因此，我們若將同一思想家，在不同時候
　　　所說的話，比併而觀之，便不難發現，諸子眼中水的
　　　形象，確實是多元的。

由於大多數先秦諸子眼中，水的多元形象與道的多元特性，
有著極為密切的關聯，再加上水在人類的生活當中，的確是不可
或缺的重要元素，且又隨處可見，因此，藉水以論道，便成為先
秦思想家最常見的手法。當然，能將此法運用得極為精妙而純熟
者，那就非儒、道兩家莫屬了。蓋儒、道兩家，對於道的詮釋，
最是豐富而多元，其思想之所以能深獲後世的推崇，其理亦正在
此。今謹將儒、道兩家有關水的論述，約略比較分析如下：

在《論語》中，孔子取水的紀錄，其實並不多見，僅凡三
處，如：「民之於仁也，甚於水火。水火，吾見蹈而死者矣，未見
蹈仁而死者也。」「知者樂水，仁者樂山。知者動，仁者靜。知者
樂，仁者壽。」「子在川上，曰：『逝者如斯夫！不舍晝夜。』」

若僅就這三則而觀之，則孔子於水之形容，似乎稱不上豐富
而多元。可是，孔子卻偏偏是「藉水論道」的鼻祖，這一點恐怕
得從莊、列、孟、荀引孔子之言，始能找到證明。

1.《莊子・德充符》引仲尼曰：「人莫鑑於流水，而鑑於止
　　水。」

2.《莊子・德充符》引仲尼曰：「平者，水停之盛也，其可以
　　為法也，內保之而外不蕩也。」

3.《列子・說符》引孔子謂弟子曰：「二三子識之。水且猶可

以忠信誠身親之，而況人乎？」

4.《孟子・離婁上》引孔子曰：「小子聽之，清斯濯纓，濁斯
　濯足矣。自取之也。」

5.《孟子・離婁下》

徐子曰：「仲尼亟稱於水曰：『水哉！水哉！』何取於水
也？」

孟子曰：「原泉混混，不舍晝夜，盈科而後進，放乎四
海。有本者如是，是之取爾。苟為無本，七八月之閒雨
集，溝澮皆盈；其涸也，可立而待也。故聲聞過情，君子
恥之。」

6.《荀子・宥坐》

孔子觀於東流之水，子貢問於孔子曰：「君子之所以見大水
必觀焉者，是何？」

孔子曰：「夫水，徧與諸生而無為也，似德；其流也，埤下
裾拘，必循其理，似義；其洸洸乎不淈盡，似道；若有決
行之，其應佚若聲響，其赴百仞之谷不懼，似勇；主量必
平，似法；盈不求概，似正；綽約微達，似察；以出以
入，以就鮮絜，似善化；其萬折也必東，似志。是故君子
見大水必觀焉。」

在孟、荀兩家的引述中，孔子對於水的形容，很明顯地反映
出豐富而多元的特質，而藉水論道的手法，也顯得活潑通透許
多。

除了孔子之外，孟、荀兩家有關水的論述，無論在質量與數
量上，均可列於眾家之首，蓋上章所分的五類，孟、荀幾乎無不
具備，且於水的多變形象，也無不善事形容。這一點，只要詳較

上章所引，即不難見出。

至於道家的老子，其藉水論道的手法，也極為玄妙而精微，如「上善若水。水善利萬物而不爭，處眾人之所惡，故幾於道。」、「天下莫柔弱於水，而攻堅強者莫之能勝，以其無以易之。」、「江海所以能為百谷王者，以其善下之，故能為百谷王。」

可見老子於水的取意，與其所主張道的「柔弱謙下、潤物無爭」的特性，是若合符節的。至於莊子，取水之象徵意義以論道，最為活潑生動的，就莫過於〈秋水〉篇了。全篇藉由河神與海神的對話，反覆申論道的無可限量，寓言的興味，發人深省。

第四章　聖人的多元價值觀

早在孔子的年代，道的內涵就已經非常豐富而多元。在孔子的判斷裏，身而為人，只要有個人樣，所作所為，能成其為人，即可。至於個人生命的表現，彼此不同，並無不可。而且越是不同，人類生命的表現就越多采多姿。，而人類的文明，也纔能有充實而完美的意義。這一點，我們從孔、孟對於「同道與不同道」的安排，即能獲得充分的證明。

1.《孟子·離婁下》

禹、稷當平世，三過其門而不入；孔子賢之。顏子當亂世，居於陋巷，一簞食，一瓢飲，人不堪其憂，顏子不改其樂；孔子賢之。

孟子曰：「禹、稷、顏回同道。禹思天下有溺者，由己溺之也；稷思天下有飢者，由己飢之也；是以如是其急也。

禹、稷、顏子，易地則皆然。今有同室之人鬬者，救之，雖被髮纓冠而救之，可也。鄉鄰有鬬者，被髮纓冠而往救之，則惑也；雖閉戶可也。」

2. 《孟子・離婁下》

孟子曰：「舜生於諸馮，遷於負夏，卒於鳴條；東夷之人也。文王生於岐周，卒於畢郢；西夷之人也。地之相去也，千有餘里；世之相後也，千有餘歲；得志行乎中國，若合符節。先聖後聖，其揆一也。」

3. 《孟子・離婁下》

曾子居武城，有越寇。或曰：「寇至，盍去諸？」

曰：「無寓人於我室，毀傷其薪木。」寇退，則曰：「修我牆屋，我將反。」

寇退，曾子反。左右曰：「待先生如此其忠且敬也，寇至，則先去以為民望；寇退，則反。殆於不可！」

沈猶行曰：「是非汝所知也。昔沈猶有負芻之禍，從先生者七十人，未有與焉。」

子思居於衛，有齊寇。或曰：「寇至，盍去諸？」

子思曰：「如伋去，君誰與守？」

孟子曰：「曾子、子思同道。曾子，師也，父兄也；子思，臣也，微也。曾子、子思，易地則皆然。」

4. 《孟子・告子下》

孟子曰：「居下位，不以賢事不肖者，伯夷也。五就湯、五就桀者，伊尹也。不惡汙君、不辭小官者，柳下惠也。三子者不同道，其趨一也。一者何也？曰仁也。君子亦仁而已矣，何必同！」

5.《孟子・公孫丑上》

（公孫丑問）曰：「伯夷、伊尹何如？」

曰：「不同道。非其君不事，非其民不使，治則進，亂則退，伯夷也。何事非君？何使非民？治亦進，亂亦進，伊尹也。可以仕則仕，可以止則止，可以久則久，可以速則速，孔子也。皆古聖人也，吾未能有行焉；乃所願，則學孔子也。」

曰：「伯夷、伊尹於孔子，若是班乎？」

曰：「否。自有生民以來，未有孔子也！」

曰：「然則有同與？」

曰：「有。得百里之地而君之，皆能以朝諸侯，有天下；行一不義，殺一不辜，而得天下，皆不為也。是則同。」

曰：「敢問其所以異？」

曰：「宰我、子貢、有若，智足以知聖人；汙，不至阿其所好。宰我曰：『以予觀於夫子，賢於堯舜遠矣。』子貢曰：『見其禮而知其政，聞其樂而知其德，由百世之後，等百世之王，莫之能違也。自生民以來，未有夫子也！』有若曰：『豈惟民哉？麒麟之於走獸，鳳凰之於飛鳥，泰山之於丘垤，河海之於行潦，類也。聖人之於民，亦類也；出於其類，拔乎其萃，自生民以來，未有盛於孔子也！』」

6.《孟子・萬章下》

孟子曰：「伯夷，目不視惡色，耳不聽惡聲。非其君不事，非其民不使。治則進，亂則退。橫政之所出，橫民之所止，不忍居也。思與鄉人處，如以朝衣朝冠坐於塗炭也。當紂之時，居北海之濱，以待天下之清也。故聞伯夷之風者，

頑夫廉，懦夫有立志。

伊尹曰：『何事非君？何使非民？』治亦進，亂亦進。曰：『天之生斯民也，使先知覺後知，使先覺覺後覺。予，天民之先覺者也，予將以此道覺此民也。』思天下之民，匹夫匹婦，有不與被堯舜之澤者，若己推而內之溝中，其自任以天下之重也。

柳下惠，不羞汙君，不辭小官；進不隱賢，必以其道。遺佚而不怨，阨窮而不憫；與鄉人處，由由然不忍去也。『爾為爾，我為我，雖袒裼裸裎於我側，爾焉能浼我哉？』故聞柳下惠之風者，鄙夫寬，薄夫敦。

孔子之去齊，接淅而行；去魯，曰：『遲遲吾行也！』去父母國之道也。可以速而速，可以久而久，可以處而處，可以仕而仕，孔子也。」

孟子曰：「伯夷，聖之清者也；伊尹，聖之任者也；柳下惠，聖之和者也；孔子，聖之時者也。孔子之謂集大成。集大成也者，金聲而玉振之也。金聲也者，始條理也；玉振之也者，終條理也。始條理者，智之事也；終條理者，聖之事也。智，譬則巧也；聖，譬則力也。猶射於百步之外也：其至，爾力也；其中，非爾力也。」

7. 《孟子‧盡心下》

孟子曰：「孔子之去魯，曰：『遲遲吾行也！』去父母國之道也。去齊，接淅而行。去他國之道也。」

8. 《孟子‧盡心下》

孟子曰：「聖人，百世之師也，伯夷、柳下惠是也。故聞伯夷之風者，頑夫廉，懦夫有立志；聞柳下惠之風者，薄夫

敦，鄙夫寬。奮乎百世之上，百世之下，聞者莫不興起也。
非聖人而能若是乎？而況於親炙之者乎！」

9.《孟子‧公孫丑上》

孟子曰：「伯夷，非其君不事，非其友不友；不立於惡人之
朝，不與惡人言；立於惡人之朝，與惡人言，如以朝衣朝
冠，坐於塗炭。推惡惡之心，思與鄉人立，其冠不正，望
望然去之，若將浼焉。是故諸侯雖有善其辭命而至者，不
受也；不受也者，是亦不屑就已。

柳下惠，不羞污君，不卑小官；進不隱賢，必以其道；遺
佚而不怨，阨窮而不憫。故曰：『爾為爾，我為我，雖袒裼
裸裎於我側，爾焉能浼我哉！』故由由然與之偕而不自失
焉。援而止之而止；援而止之而止者，是亦不屑去已。」

孟子曰：「伯夷隘，柳下惠不恭。隘與不恭，君子不由
也。」

就儒家孔、孟的標準而言，所謂「同道」，乃指表現不同的兩
人，若立場互換，則表現將完全一致，即上引「禹、稷、顏子，
易地則皆然。」、「曾子、子思，易地則皆然。」至於所謂「不同
道」，則指表現不同的人，即使立場互換，表現仍難一致，如上引
「三子者不同道」。然則「同道與不同道」，其分野乃在於價值判
斷的異同。價值判斷相同者，則一切表現，必能「易地則皆
然」；而價值判斷相異者，無論易地與否，人生表現絕不一致。

在孟子的看法當中，伯夷、伊尹、柳下惠，三子者不同道。
而儘管不同道，三人的表現卻都是聖人的境界，只是面貌有些不
同，即所謂「伯夷，聖之清者也；伊尹，聖之任者也；柳下惠，
聖之和者也；孔子，聖之時者也。」若一定要論三子與孔子，是

否有相同的地方？那麼他們的表現，至少都符合仁道的精神，即所謂「三子者不同道，其趨一也。一者何也？曰仁也。君子亦仁而已矣，何必同！」、「得百里之地而君之，皆能以朝諸侯，有天下；行一不義，殺一不辜，而得天下，皆不為也。是則同。」

　　足見在儒家的思想裏，面對同道中人，固然是深有所屬；而於不同道之人，也時常能給予肯定，斷沒有「除之而後快」的想法。此所以孔子特別推崇伯夷、叔齊「求仁而得仁，又何怨？」，其道理正在此。

第五章　結論

　　先秦諸子偏好取水以論道，乃由於水在自然界裏，最具豐富多元且變幻莫測的特性，而此一特性與道的特性，又非常的近似，無怪乎子貢有「君子見大水必觀焉」之問。此外，以具體的物象來論說事理，道理才不致被講得枯燥乏味、抽象難懂。

　　至於各家取意，時或不同，則主要有下列兩點原因：

（一）方便說法：在特殊的情境中，猝然與景相遇，心有所感，乃就地取材，大發議論，相當符合我先民的習慣。也因為當下僅欲表現道的某一面向，故所取者，便只及於水的特性之一，而不必全貌畢現。

（二）價值觀不同所致：擁有不同價值判斷的人，對於同一現象的表述，往往會有不同的結果。這一點，我們只要詳較諸子論道上的差異，即不難見出。

　　綜上所述，我們可以得到一項結論──「人類價值判斷的多元性」，自古以來，即是如此。縱使聖人，也從未反對過「多元價

值觀點存在的必然性」。生活於相同時代，相同地方的人，不妨礙其想法不同、表現不同；而生活於不同時代、不同地方的人，也不妨礙其想法一致、表現一致。能認真善待「不同道」之人，才是真正的包容、真正的尊重。黨同以伐異，絕對是不理性的，不僅違背了古聖先賢的教訓，也不符合多元價值觀點的精神。換言之，多元文化不僅在哲理上有存在的必然性，甚至我們可以大膽地推斷——人類文明之所以能如此粲然可觀，完全是多元文化相互激盪的成果。